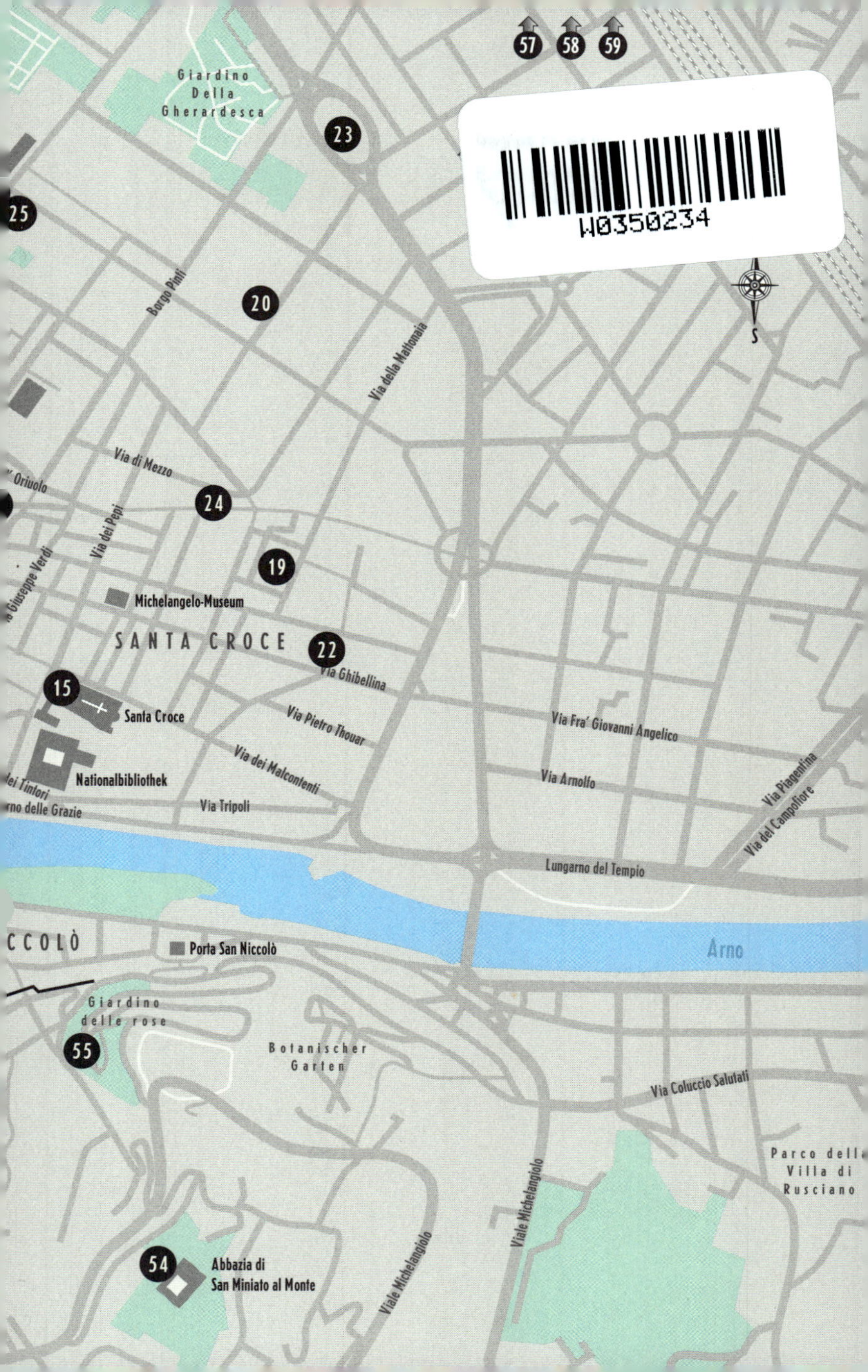
57
58
59
Giardino Della Gherardesca
23
25
20
Borgo Pinti
Via della Mattonaia
S
Via di Mezzo
Oriuolo
24
Via dei Pepi
19
Giuseppe Verdi
Michelangelo-Museum
SANTA CROCE
22
Via Ghibellina
15
Santa Croce
Via Pietro Thouar
Via Fra' Giovanni Angelico
Via dei Malcontenti
Nationalbibliothek
Via Arnolfo
Via Piagentina
Via del Campofiore
Via Tripoli
Lungarno del Tempio
Arno
Porta San Niccolò
Giardino delle rose
55
Botanischer Garten
Via Coluccio Salutati
Viale Michelangiolo
54
Abbazia di San Miniato al Monte
Viale Michelangiolo

LIEBLINGSORTE

Insel

FLORENZ

BIRGIT HAUSTEDT

MIT FOTOGRAFIEN VON ANJA SCHULTZ

Erste Auflage 2019
insel taschenbuch 4708
Originalausgabe

Vertrieb durch den Suhrkamp Taschenbuch Verlag
Umschlaggestaltung und Layout: Marion Blomeyer, München
Illustrationen: Ryo Takemasa, Tokio
Karten: Peter Palm, Berlin
Satz: Greiner & Reichel, Köln
Druck: CPI – Ebner & Spiegel, Ulm
Printed in Germany
ISBN 978-3-458-36408-5

INHALTSVERZEICHNIS

BUS C3, C4 PITTI

Eine Terrasse mit Aussicht

PANORAMA RESTAURANT LA SCALETTA
VIA GUICCIARDINI, 13
WWW.PANORAMARESTAURANT
LASCALETTA.COM

TIPP

DIE FIRENZE CARD FÜR 85 EURO GILT FÜR FAST ALLE MUSEEN, KIRCHEN, GÄRTEN UND PALAZZI (MIT AUFSCHLAG VON 7 EURO AUCH FÜR ALLE ÖFFENTLICHEN VERKEHRSMITTEL), IST DREI TAGE GÜLTIG UND ERSPART MEIST LANGES ANSTEHEN.
WWW.FIRENZECARD.IT

Dächer aus terrakottafarbenen Ziegeln, Hinterhöfe, Treppen, Balkone in Ockergelb, bunte Markisen, grüne Einsprengsel der Dachgärten, im Hintergrund das *Forte di Belvedere*, ganz nah der *Giardino di Boboli* mit seinen Zypressenalleen, Zedern, Tempelchen und dem riesigen *Palazzo Pitti*: Die kleine Dachterrasse des Hotels *La Scaletta* ist ein guter Start für einen Florenzbesuch. Es gibt luxuriösere Orte, spektakulärere Aussichten und all die bedeutenden Sehenswürdigkeiten im Zentrum ... Aber hier sind wir über den Dächern und doch noch mittendrin im Häusergewirr der alten Stadt. Ein kleiner klassischer Bartresen, ockergelb gestrichen wie die Wände, de-

korativ umrankt von blühenden Pflanzen, über allem ein einfaches Sonnensegel. Die quadratischen Tische sind klein, es gibt Stofftischdecken, die Stühle sind aus altmodischem Draht. Keine Heizpilze, kein Glasgeländer, kein Chrom, dafür ein Ambiente wie im Italien der Fünfzigerjahre.

Florenz besteht nicht nur aus Kirchen, Museen und Kunstwerken, sondern auch aus Orten wie diesem – mit besonderem Flair und manchmal sogar mit Aussicht. Viele solcher Lieblingsorte finden sich übrigens (wie hier) in *Oltrarno*, dem Gebiet von Florenz »jenseits des Arno«, viele aber auch im Zentrum. Sie sind ganz verschieden – vom Spielplatz mit Geschichte über moderne Kunst im Kreisverkehr bis zur besten Gelateria oder einem zauberhaften Garten, von dem die Florentiner schwärmen. Natürlich gibt es auch viele Lieblingsorte mit alter Kunst, mit Kirchen, Klöstern und anderen Hauptsehenswürdigkeiten, dafür sind wir ja schließlich in Florenz – oft zusammen mit vielen weiteren Touristen, gerade in der Hauptsaison. Das muss man manchmal in Kauf nehmen, ebenso wie die anderen ausländischen Mit-Gäste in vielen Restaurants. Manchmal hilft es aber schon, zu anderen Zeiten hinzugehen – die Piazza della Signoria ist zum Beispiel besonders schön bei Nacht. Manchmal muss man die beliebtesten Highlights auch links liegen lassen – und kann in den Uffizien dafür andere Meisterwerke ganz allein und in aller Ruhe betrachten. Manchmal hilft auch das nichts, wie bei der Besteigung der Kuppel des Doms, für die man immer Schlange stehen muss. Dennoch ist diese Kuppel einer meiner Lieblingsorte, denn nirgendwo sonst wird Geschichte und Architektur so anschaulich – und deshalb steht sie auch am Anfang dieses Buches.

Doch neben den vielbesuchten Anziehungspunkten gibt es auch weniger bekannte Lieblingsorte, die einen Besuch verdienen, weil sie – wie die Dachterrasse des *La Scaletta* – eine *Dolce Vita*-Auszeit vom Sightseeing-Programm bieten. Von hier führt eine schmale Treppe noch höher auf eine zweite, ganz kleine Terrasse, die nur Platz für wenige Tische bietet. Von der *Terrazza Firenze*, wie sie zu Recht heißt, hat man einen wunderschönen Rundumblick auf die ganze Stadt. In der Ferne leuchtet die imposante Kuppel des Doms neben dem schlanken Campanile Giottos, das Ganze vor der Kulisse der sanften Hügellandschaft des Florentiner Umlands. Ein besonders schöner Ort für ein Abendessen (unbedingt reservieren!). Man kann aber auch nur einen Aperitif nehmen und sich in aller Ruhe auf das freuen, was uns in Florenz erwartet ...

Rund um den Dom

1

BUS C1, C2 ROMA DUOMO, C4 PECORI DUOMO

La Cupola

DUOMO SANTA MARIA DEL FIORE
PIAZZA DEL DUOMO, EINGANG PORTA DELLA MANDORLA
WWW.ILGRANDEMUSEODELDUOMO.IT
DAS KOMBITICKET FÜR U. A. KUPPEL, BAPTISTERIUM, CAMPANILE, MUSEO DEL DUOMO KOSTET 18 EURO UND IST 72 STUNDEN GÜLTIG.
ACHTUNG: KUPPELBESTEIGUNG NUR NACH VORHERIGER RESERVIERUNG. 463 STUFEN SIND ZU BEWÄLTIGEN!

TIPP

UNTERHALTSAMES UND INFORMATIVES BUCH ÜBER DIE BAUGESCHICHTE DER KUPPEL: ROSS KING, DAS WUNDER VON FLORENZ (GIBT ES U. A. IN DER BUCHHANDLUNG DES DOMMUSEUMS AUF DEUTSCH)

Volles Risiko ging die Wollweberzunft ein, als sie 1418 den Auftrag für die Domkuppel an Filippo Brunelleschi vergab. Vorzuweisen hatte der 41-jährige Junggeselle wenig, anders als renommierte Mitbewerber wie Lorenzo Ghiberti besaß er nicht einmal eine eigene Werkstatt. Und seine Idee *una cupola senza armadura*, eine Kuppel ohne Gerüst, klang ebenso großartig wie unrealistisch: Eine zweite innere Kuppelschale sollte die Außenschale schon beim Bau stützen, sodass man auf ein Gerüst verzichten konnte. Überzeugt habe Brunelleschi die Kommission – so die Legende – mit einem später durch Kolumbus berühmt gewordenen Coup: Ein

Ei zum Stehen zu bringen wollte keinem gelingen, bis schließlich Brunelleschi das (gekochte) Ei nahm und einfach auf dem Tisch aufschlug: eine unkonventionelle Lösung für eine scheinbar unlösbare Aufgabe. Ob Brunelleschi schon damals wusste, wie der Bau gelingen könnte, ist unbekannt. Seine Pläne ließ er niemanden sehen, auch nicht die anderen drei Dombaumeister, die ihm die Kommission sicherheitshalber zur Seite stellte – darunter Konkurrent Ghiberti.

Wie die doppelschalige Kuppel konstruiert ist, sieht man am besten, wenn man selbst hinaufsteigt. Nach 150 Stufen ein erster Stopp auf der inneren Galerie, um Vasaris *Jüngstes Gericht* zu betrachten. In dieser luftigen Höhe saßen damals die Arbeiter auf einem Hängegerüst, auch das Brunelleschis Idee, eine Art schwebende Plattform mit Garküchen und Toiletten. Acht Mannschaften zu je neun Maurern arbeiteten jeweils gleichzeitig an den Mauern der Außen- und der Innenkuppel. Erst wenn der Mörtel des gesamten Rings fest war, begannen sie mit dem nächsten. Je höher sie kamen, je steiler der Neigungswinkel der Kuppel, desto gefährlicher wurde es, denn unter ihnen gähnte der Abgrund. Dennoch stürzten in der gesamten Bauzeit nur drei Arbeiter ab – erstaunlich auch angesichts der Arbeitszeiten: sechs Tage pro Woche von Sonnenauf- bis -untergang, im Sommer also bis zu 14 Stunden, streng kontrolliert von einer Art Stechuhrsystem (auch das Brunelleschis Idee).

Weiter zur Aussichtsplattform geht es viele Stufen hoch auf demselben Weg, den einst die Bauarbeiter gingen, durch ein Labyrinth niedriger Türen und schmaler Treppen zwischen Außenschale und Innenwänden der Kuppel. Gut sichtbar die Technik, mit der die Kuppel sich selbst stützt: durch Querbalken aus Sandstein, Holz und im Fischgrätmuster vermauerten Ziegeln. Die senkrechten Ziegellagen stützen die waagerechten Schichten wie Buchstützen und wirken so der Tendenz der Kuppel nach innen und unten entgegen. Jedes noch so kleine Detail hat eine Funktion – so auch die 72 kleinen Rundfenster, die zur Belüftung dienten und die Kuppel windsicherer machten.

Schon nach 16 Jahren Bauzeit konnte Papst Eugen IV. 1436 die Kuppel segnen, bis heute die größte gemauerte Kuppel der Welt. Als einzigen ihrer Bürger ehrten die Florentiner Brunelleschi mit einem Grab im Dom als »Genie«. Doch ist die Kuppel keineswegs nur Werk eines Einzelnen: Zu realisieren war sie nur mit Unterstützung der gesamten Bürgerschaft. Ohne deren Finanzkraft, ohne die Risikofreude der Zunftherren und ohne den Fleiß der Arbeiter wäre sie nie errichtet worden.

2

BUS C1, C2 ROMA DUOMO, C4 PECORI DUOMO

Hymne auf die Arbeit: die Reliefs am Campanile

CAMPANILE DI GIOTTO
PIAZZA DEL DUOMO
WWW.ILGRANDEMUSEODELDUOMO.IT
TGL. VON 8.15-19 UHR
EINTRITT IM KOMBITICKET DES MUSEUMS ENTHALTEN. 414 STUFEN!

TIPP

DAS GESAMTE CENTRO STORICO, AUCH JENSEITS DES ARNO, IST FÜR DEN VERKEHR GESPERRT. ALSO GUTE SCHUHE ANZIEHEN. FALLS MAN BUSSE BENUTZT, UNBEDINGT DIE FAHRSCHEINE ODER TAGESKARTEN (GIBT ES U. A. IN TABACCHI UND MANCHEN SUPERMÄRKTEN) GLEICH IM BUS ENTWERTEN. VIELE KONTROLLEN UND KEINE AUSREDEN OHNE BIGLIETTO!

Neben dem mächtigen Dom wirkt der schmale *Campanile* fast wie schmückendes Beiwerk. Dabei spielte er im Alltag der Florentiner eine große Rolle: Hier wurde zum Gebet gerufen, wurden Festtage und Todesfälle angezeigt, und seine Glocken läuteten Arbeitstag und Feierabend ein. Diesem Alltag der Florentiner sind die ungewöhnlichen Reliefs im unteren Teil des Turms gewidmet. In zwei Reihen erzählen sie vom Leben der Menschen und ihrer Arbeit. Die meisten wurden von Andrea Pisano und seiner Werkstatt geschaffen – unter der Leitung Giottos, der von 1334 bis zu seinem Tod 1337 der verantwortliche Architekt des Campanile war. Auf wen

die für einen Kirchturm überraschend weltliche Themenwahl zurückging, ist heute nicht mehr zu klären.

Der Zyklus beginnt auf der Westseite mit der Geschichte der Schöpfung als Geschichte der Entstehung der Arbeit. Zuerst sehen wir Gott bei der Arbeit, wie er Adam und Eva erschafft, dann wie die beiden auf dem Feld schuften müssen – der Beginn der Feldarbeit; Kains Sohn Jabal mit seinen Schafen symbolisiert die Anfänge der Viehzucht, sein Bruder Jubal mit Trompete den Beginn der Musik, der dritte Bruder Tubal-Kain ist der erste Schmied.

Auf den weiteren Wänden emanzipierte Pisano sich von der Bibel: Neben Beispielen aus der antiken Mythologie (Dädalus als erster Mechaniker) gibt es einfache Szenen aus dem Arbeitsleben: Baumeister und Maurer mit ihrem halbfertigen Bau oder Frauen an einem Webstuhl, alle auf der Südseite. Auf der Nordseite sind der Bildhauer Phidias mit Skulptur und Apelles, der erste Maler, dargestellt. Die restlichen Reliefs wurden erst ein Jahrhundert später von Luca della Robbia geschaffen, erkennbar durch die souveräne Verwendung der Zentralperspektive und die Betonung geistiger Arbeit, beispielsweise beim Gespräch von Platon und Aristoteles als Beginn der Philosophie.

Diese Reliefs, die die menschliche

Arbeit in all ihren Facetten feiern, stellen nichts weniger als ein revolutionäres Bildprogramm dar. In der mittelalterlichen Welt galt Arbeit als Strafe für den Sündenfall der Menschen. Ganz oben in der gesellschaftlichen Hierarchie stand der betende Klerus, darunter der kämpfende Adel, ganz unten diejenigen, die arbeiten mussten. Gegen diese feudale Weltordnung positionierte sich die Stadt Florenz selbstbewusst mit ganz neuen Werten: Hier zeigte man stolz am Kirchturm, dass alles, was ihre Stadt ausmachte, ihr Reichtum und ihre politische Macht, nicht zuerst auf Gottes Gnade oder irgendwelchen aristokratischen Tugenden beruhte, sondern den tätigen Menschen zu verdanken war, ihrer Arbeit, ihrer Wissenschaft und ihrer Kunst.

Die Original-Reliefs mit all ihren wunderbar gearbeiteten Details kann man im *Museo dell'Opera del Duomo* besichtigen. Dazu den restlichen Skulpturenschmuck des *Campanile*: Planeten, Tugenden, Sakramente und Heilige, der ganze Kosmos der damaligen Welt, in dem die Kirche natürlich weiterhin eine große Rolle spielte – auch im Alltag der Menschen.

3

BUS C1, C2 ROMA DUOMO, C4 PECORI DUOMO

Auf ein Glas Brunello in der Enoteca Alessi

Ein kühler Tag im Mai in der Nähe des Doms, eine düstere Straße, immer wieder riesige Reisegruppen auf dem schmalen Bürgersteig, und dann beginnt es auch noch zu regnen. Der richtige Moment für die *Enoteca Alessi*, die uns Freunde empfohlen haben. Nur wenige Gäste zwar, ein etwas dunkler Schlauch, doch anheimelnde Holzeinrichtung und eine hellbeleuchtete Vitrine. Vor allem aber ein sehr netter Kellner, der sich später als Sohn des Besitzers entpuppt. Die *Enoteca* gehört seit 1952 der Familie Alessi, und alle in der Familie arbeiten mit.

Wie bei einer *Enoteca* zu erwarten, finden sich auf der Karte viele sehr gute toskanische Weine,

ENOTECA ALESSI
VIA DELLE OCHE 27/29/31R
WWW.ENOTECAALESSI.IT
MO-SA 11-19 UHR

dazu Salate, *crostini* und andere Kleinigkeiten. Wir entscheiden uns für die kleine Degustationsvariante, drei weiße oder drei rote Weine jeweils für 15 Euro. Der Kellner rät zur *Tagliere d'Alessi*, klassische toskanische Wurst- und Käse-Antipasti nach Art des Hauses. Mit achtzehn Euro nicht gerade billig. Was dann auf rustikalem Holzbrett serviert wird, scheint zunächst nicht ungewöhnlich: Schinken, Speck, Fenchelsalami, dazu verschiedene Käse, alles sehr liebevoll arrangiert und so üppig, dass es gut für zwei Personen reicht. Doch selten aßen wir so feine, gut gewürzte Würste, solch schmackhaften (und nicht zu salzigen) Pecorino, so aromatischen Mozzarella. Alles aus der Toskana, der Käse von Schafen aus dem *Val d'Orcia*, Würste und Schinken von Schweinen alter Rasse. Das schmeckt man!

Die Weine schmecken auch sehr gut, werden allerdings in winzigen Mengen, dafür mit Informationen und Geschichten präsentiert: Die Alessi verstehen etwas vom Wein und vom Geschäft. Das nächste Mal würden wir allerdings eher ein ganzes Glas des köstlichen *Brunello* nehmen. Oder eine der richtigen Weinverkostungen besuchen, die die *Enoteca* in ihrem riesigen Weinkeller ein Stockwerk tiefer anbietet. Am runden Tisch, an einem alten Weinfass oder an einer langen Tafel vor raumhohen Regalen mit Weinen aus ganz Italien – mehr als 2500 sind es, die teuersten in temperierten Glasschränken verschlossen. Alles sortiert nach Regionen, eine Art Vino-Bibliothek, ein Paradies für Weinkenner. Dazu eine beachtliche Auswahl an Whiskys (selbst japanische) und Liköre. Für Menschen mit anderen Leidenschaften bietet oben ein gut sortiertes Ladengeschäft Öl, Essig, Käse und Schinken (dieselben, die zum Wein serviert werden) sowie eine große Auswahl an *Biscotti*, *Cantuccini* und der besten italienischen Schokoladen. Unbedingt empfehlenswert!

4

BUS C1, C2 PROCONSOLO

Altes neu in Szene gesetzt: das Museo dell'Opera del Duomo

MUSEO DELL'OPERA DEL DUOMO
PIAZZA DEL DUOMO, 40
WWW.ILGRANDEMUSEODELDUOMO.IT
TGL. 9-19 UHR (BIS AUF DEN ERSTEN DIENSTAG JEDEN MONATS)
EINTRITT: KOMBITICKET FÜR 18 EURO
(SIEHE LIEBLINGSORT NR. 1)

Früher war es ein verstaubtes Museum, seit seiner Neugestaltung von 2010 bis 2015 aber gehört das *Museo dell'Opera del Duomo* zu den Highlights eines Florenzbesuches und ist unbedingt empfehlenswert.
Ein sparsam beleuchteter Korridor mit Namen aller am Bau des Doms beteiligten Künstler, und dann steht man in einem lichtdurchfluteten mehrstöckigen Raum, der *Sala del Paradiso*, benannt nach dem Platz zwischen Baptisterium und Domportal. Hinter uns die Originaltüren des Baptisteriums, vor uns der untere Teil der ursprünglichen Domfassade, fast maßstabsgetreu rekonstruiert, 18 Meter hoch mit allen Originalskulpturen. Die

heutige Domfassade wurde erst ab 1587 gebaut, als Großherzog Francesco I. die ganze Front durch eine neue Fassade im Renaissancestil ersetzen ließ. Die alten Statuen und Reliefs verschwanden damals im Depot der *Opera del Duomo*, die seit 1296 den Bau von *Santa Maria del Fiore* betreute und noch heute Baptisterium, Campanile und Dom verwaltet.

Eine der ungewöhnlichsten der alten Skulpturen kommt durch die neue Präsentation besonders gut zur Geltung: Die Marienstatue über dem Haupteingang. Sie stammt von Arnolfo di Cambio, der seit 1296 mit dem gesamten Bau der neuen Kathedrale beauftragt war. Bemerkenswert ist die außerordentlich realistische Darstellung Marias mit ihrem genau modellierten Körper unter der antiken Toga – darin der zeitgleichen Malerei Giottos ähnlich. Maria wirkt nicht mehr wie eine ferne Himmelskönigin, sondern wie eine wirkliche Frau, die herabgestiegen ist zu den Florentinern, die jetzt unter ihrem Schutz stehen. Die besonders menschliche Wirkung der Statue rührt auch von den fast lebendig wirkenden Glasaugen her. Sie reflektierten damals das Sonnenlicht und funkelten, sodass die Gläubigen in direkten Dialog mit der Muttergottes treten konnten. Eine Muttergottes auf Augenhöhe. Auch bei einer zweiten Maria zeigt Arnolfo sich als Erneuerer: Ganz links an der Fassade sehen wir eine schwangere Maria, auch das ungewöhnlich in der Marien-Ikonographie. Die Domfassade ist nicht das einzige Highlight in diesem Museum. Im Gegenteil: Sehenswert sind natürlich die originalen Baptisteriumstüren, der Raum der Campanileskulpturen (siehe Lieblingsort Nr. 2), Brunelleschis Holzmodelle der Domkuppel mit informativem Film und nicht zu vergessen die beiden zauberhaften Sängerkanzeln von Luca della Robbia und Donatello im ersten Stock. In diesem beglückenden Museum könnte man sich einen ganzen Tag aufhalten.

III

5

BUS C1, C2 PROCONSOLO

Auf Dantes Spuren

CASA DI DANTE, VIA SANTA MARGHERITA 1
TORRE DONATI (HEUTE ALBERGO FIRENZE),
VIA DEL CORSO 31-33R

PALAZZO PORTINARI (HEUTE
BANCA TOSCANA), VIA DEL CORSO 6

SANTA MARGHERITA DEI CERCHI,
VIA SANTA MARGHERITA
VIA PANDOLFINI

TIPP

REISELEKTÜRE IN HANDLICHEM FORMAT:
DANTE ALIGHIERI, COMMEDIA, IN
DER PROSAÜBERSETZUNG VON KURT
FLASCH, FISCHER TASCHENBUCH

Dante-Denkmal, Dante-Museum, Dante-Plaketten, sogar ein ganzes Viertel wurde nach ihm benannt. Heute ehrt Florenz überall den Dichter, der 1265 in der Stadt das Licht der Welt erblickte. Doch wie und wo hat er wirklich gelebt, geliebt, gedichtet? Jedenfalls nicht in der *Casa di Dante*, angeblich sein Wohnhaus. Zwar ist es mit dem pittoresken kleinen Platz davor ein beliebtes Fotomotiv – aber so gepflegt und ordentlich sah es hier im 13. Jahrhundert nicht aus. Das Gebäude stammt aus dem 19. Jahrhundert und beherbergt ein verschnarchtes Dante-Museum. Das ursprüngliche Haus lag nahe beim *Torre dei Donati* (heute *Albergo Firenze*), Wehr-

turm und Wohnsitz der mächtigsten Adelsfamilie im Viertel. Auf deren Wohlwollen war Dantes Vater angewiesen, weshalb er schon früh einen Heiratsvertrag für seinen zehnjährigen Sohn mit der noch jüngeren Gemma Donati aushandelte. Doch geheiratet wurde in Florenz erst spät, bis dahin genoss Dante eine hervorragende klassische Schulbildung und die sorglose Jugend der damaligen männlichen Oberschicht mit Partys, Jagden, Fress- und Saufgelagen und sexuellen Abenteuern. Der junge Dante ließ dabei nichts aus, wie wir aus der Korrespondenz mit Nachbarssohn Forese Donati wissen. Der Dichter kannte aus eigener Erfahrung die Sünden, für die er in seiner *Divina Commedia* andere in die Hölle schickte.

Doch mit einem aufsehenerregenden Buch sagte Dante sich 1293 von diesem Lotterleben los. Wie der Blitz habe ihn die Liebe zu Beatrice getroffen und zu einem besseren Menschen gemacht, schrieb er in der *Vita Nova*. Beatrice war die Tochter des reichen Nachbarn Folco Portinari, die bei ihrem ersten Treffen auf einem Fest allerdings erst acht Jahre alt gewesen war. Eine Plakette am ehemaligen Palast der Portinari, heute *Banca Toscana* (Via Corso 6), erinnert an diese erste Begegnung. Danach sahen sie sich vielleicht noch ein paar Mal in der kleinen Kirche *Santa Margherita dei Cerchi*, von den Florentinern im 19. Jahrhundert kurzerhand in *Chiesa di Dante* umgetauft und mit Dante-Beatrice-Gemälden ausstaffiert.

Die *Vita Nova* wurde in Florenz begeistert aufgenommen, einer weiteren Laufbahn als Dichter stand also nichts im Weg. Doch Dante ging in die Politik, seine eigentliche Passion, so der Dante-Biograph Guglielmo Gorni: »Dante wäre lieber Bürgermeister von Florenz geworden als nur Dichter.« Das erste Dokument seiner politischen Tätigkeit zeugt allerdings nicht gerade von großer Leidenschaft: Er erhielt eine Geldstrafe wegen »unentschuldigten Fehlens bei einer Sitzung«. Später aber nahm Dante seine Aufgaben ernster. Als Leiter einer Baukommission beaufsichtigte er die Arbeiten an der Via Procolo, heute Via dei Pandolfini ganz in der Nähe seines Elternhauses, und sorgte dafür, dass die Straße verbreitert und modernisiert wurde. 1300 wurde er sogar als einer der Prioren gewählt. Doch in der kurzen Amtszeit von zwei Monaten verscherzte er es sich mit der mächtigen papsttreuen Fraktion der Stadt und wurde 1301 verbannt. Bis zu seinem Tod durfte er nicht mehr in seine Heimatstadt zurückkehren. Der Dichter rächte sich auf seine Weise: In der *Divina Commedia* lässt er auffallend viele damals prominente Florentiner in der Hölle schmoren. Heute erinnern Plaketten überall in der Stadt an die entsprechenden Verse.

6

BUS C1, C2 PROCONSOLO

Traditionelles Fastfood im Da' Vinattieri

DA' VINATTIERI
VIA SANTA MARGHERITA, 4R
WWW.DAVINATTIERI.COM
TGL. 11.30-19 UHR
SAN MARTINO DEL VESCOVO (SITZ DER BUONOMINI DI SAN MARTINO)
PIAZZA S. MARTINO

Mit dem winzigen Verkaufsfenster in einem alten Torbogen, seinen zwei Hockern und drei Stehplätzen ist das Lokal sehr klein. Das *Da' Vinattieri* im Dante-Viertel ist leicht zu übersehen, wenn nicht gerade mittags Einheimische und italienische Touristen hier anstehen für *schiacciate, coccoli, trippa* oder *panini al lampredotto*: Fastfood, wie es seit Jahrhunderten in Florenz gegessen wird. Ein guter Ort auch für diejenigen, die Scheu vor Innereien wie *trippa* (Kutteln) haben. Denn die Spezialität hier sind *schiacciate*, eine florentinische Variante der *focaccia*, wie die handgeschriebene Tageskarte mit unzähligen Variationen zeigt: typisch toskanisch mit

finocchiona, der aromatischen Fenchelsalami, klassisch-italienisch mit Schinken, Käse und Rucola, ausgefallener mit Feigen und Gorgonzola.

Eine andere, weniger bekannte Florentiner Spezialität sollte man unbedingt auch probieren: *coccoli*, frittierte Brot-Bällchen, eine Art Resteverwertung übriggebliebenen Brotteigs. Ob pur oder mit schmelzendem Stracchino-Käse gefüllt – eine sättigende Mini-Mahlzeit! Dazu Wein, der in winzigen Gläsern ausgeschenkt wird und überraschend gut schmeckt. Eine Frage der Ehre für die jungen Besitzer, die die uralte Tradition der populären Weinschänken wiederbeleben wollten. *Vinattieri* waren die Weinhändler und Wirte, die sich um 1290 – also zu Dantes Lebzeiten – erstmals in einer eigenen Zunft organisierten. Sogar ein eigenes Wappen hatten sie, einen roten Weinkelch auf weißem Grund, das auch im Lokal hängt.

Politisch hatten die *vinattieri* als eine der vierzehn niederen Zünfte zwar keinen großen Einfluss, aber wirtschaftlich spielten sie doch eine wichtige Rolle: Der *Palazzo Vecchio* wurde maßgeblich mit einer Steuer auf Weinverkauf finanziert. Bereits im frühen 14. Jahrhundert gab es rund 100 solcher kleiner Weinschenken, die Wein fürs Volk ausschenkten, dazu etwas Kleines zum Essen. Die meisten lagen in *Oltrarno* und hier in der Nähe des Doms, wo sich auch der erste Treffpunkt der Zunftmitglieder befand: in *San Martino del Vescovo*, einer der ältesten Kirchen der Stadt (und Hauskirche der Alighieri, der Familie Dantes). Das *Da' Vinattieri* liegt nur einige Schritte entfernt davon.

Klassische *trippa* (Kutteln) gibt's hier natürlich auch, oder – ebenso klassisch – das Brötchen mit *lampredotto*, einem anderen Teil des Magens. Unbedingt probieren müsse man beides, sonst verpasse man die »authentische« florentinische Küchentradition, rät der renommierte Restaurantführer *Osterie Italia*, am besten bei den *Trippai*, den ambulanten Kuttelverkäufern. Hier wird die Arme-Leute-Kost etwas weniger rustikal serviert – im Herbst gibt es manchmal die schöne Kombination *lampredotto e bollicine*, *Lampredotto* mit einem Gläschen Sekt. Entspricht zwar nicht der Tradition, passt aber überraschend gut zusammen.

7

BUS C2 PROCONSOLO

Bibliotheks-Caffetteria mit spektakulärem Blick

CAFFETTERIA DELLE OBLATE
VIA DELL' ORIULO, 26
TEL. CAFFETTERIA: +39 055 263 9685
ÖFFNUNGSZEITEN VON BIBLIOTHEK UND CAFFETTERIA: MO 14-19 UHR; DI-FR 9-24 UHR; SA 10-24 UHR

Überall wird gelesen: unter mächtigen Bäumen im Kreuzgang aus dem 14. Jahrhundert, auf Sofas, Treppen und Balustraden. In der *Biblioteca delle Oblate* ist von einer Krise des Lesens keine Spur. Seit ihrer Verlegung hierher 2007 ist die zentrale Stadtbücherei aus dem Alltag der Florentiner nicht mehr wegzudenken. Das liegt an den Öffnungszeiten (an fünf Tagen bis Mitternacht), dem interessanten Kulturprogramm mit Buchpräsentationen, Jazzkonzerten, Debatten und den gut ausgestatteten Lesesälen mit über 40 000 frei zugänglichen Büchern. Besonders beliebt ist die *Caffetteria* ganz oben, Treffpunkt für Jung und Alt. Die Selbstbedienung

bei den netten Barleuten dauert manchmal etwas länger, dafür sind Cappuccino, Mittagstisch oder das üppige Apero-Buffet für 10 Euro sehr preiswert. An kühlen Tagen sitzt man unter antikem Holzdach in einem lichten Raum mit Designerstühlen und Panoramafenstern, an heißen Tagen in einer Art Loggia wie in einem mittelalterlichen Palazzo. Spektakulär der Blick auf die nahe Domkuppel.

Schon dieser Blick lohnt den Besuch, doch auch das Gebäude selbst hat eine bemerkenswerte Geschichte: Hier lebten und arbeiteten die Nonnen des Oblate-Ordens, die die Krankenpflege revolutionierten und ganz Europa zum Vorbild wurden. Die Gründerin Monna Tessa, einst Magd bei Folco Portinari, dem Vater von Dantes Beatrice, überzeugte diesen, ein Kloster zu finanzieren, in dem Nonnen sich ganz der Krankenpflege widmeten. In dem 1285 erbauten, später mehrfach vergrößerten Kloster lebten fast 700 Jahre lang bis zu 100 oft adlige Ordensfrauen in strenger Klausur. *Oblate* hießen eigentlich nur die Laien, die niedere Arbeiten im Kloster verrichteten. Dass die Nonnen sich hier selbst so nannten, war Konzept: Der ursprünglichen Bedeutung des lateinischen *Oblatus* (= Opfergabe) gemäß gaben sie sich selbst dem Dienst an den Kranken hin, schworen Armut, Keuschheit und Gehorsam, verrichteten Krankenpflegedienste, aber auch niedere Arbeiten wie Kochen, Putzen und Waschen, hielten Hühner und Kaninchen, pflanzten Gemüse und ernteten Obst – ungewöhnlich in Zeiten, in denen unverheiratete Adelstöchter ins Kloster gesteckt wurden, um dort ein gutes Leben zu führen.

Eine Besonderheit der *Oblate* war ihr professionelles Herangehen an die Krankenpflege. Mit wenigen Betten gestartet, nahmen sie zur Zeit der ersten großen Pestepidemie 200 und später sogar bis zu 300 Kranke auf. Medizinisch wie pflegerisch Avantgarde, wurden sie in der Renaissance für ganz Europa zum Vorbild, sogar der Kirchenkritiker Luther, der hier Station machte, war beeindruckt von der hervorragenden Organisation, der Sauberkeit und dem guten Essen. In der Moderne waren ihre Dienste nicht mehr gefragt. Seit Beginn des 19. Jahrhunderts versuchten zunächst die Franzosen, dann die republikanische Regierung, den Orden aufzulösen und die Krankenpflege professionellen Laien zu übertragen. Doch erst 1936 beendete der faschistische Staat ihr Wirken und richtete im früheren Kloster Museen ein. In den letzten Jahrzehnten wurde das Bauwerk immer maroder. Doch statt das historische Gebäude in bester Lage teuer an einen Luxusinvestor zu verkaufen, renovierte die Stadt den Bau und stellte ihn der Öffentlichkeit zur Verfügung. Wo früher Nonnen in strenger Klausur lebten, ist heute ein lebendiges, offenes Zentrum für alle entstanden.

8

BUS C1 PIAZZA DI SAN LORENZO ODER VIA DE' PUCCI

Eine magische Kapelle im Palazzo Medici Riccardi

CAPPELLA DEI MAGI IM
PALAZZO MEDICI RICCARDI
VIA CAMILLO CAVOUR, 1
WWW.PALAZZOMEDICIRICCARDI.IT
TGL. 9-19 UHR; MITTWOCH GESCHLOSSEN
BEGRENZTE BESUCHERZAHL
FÜR DIE KAPELLE
EINTRITT: 7 EURO

Nach außen gaben sich die Medici gern als überzeugte Republikaner, heimlich aber strebten sie früh nach Höherem, wie an einem Teilstück ihres neuen Palazzo aus der Mitte des 15. Jahrhunderts abzulesen ist. Auf inständige Bitten Cosimos des Älteren hin erlaubte Papst Eugen IV. diesem, eine eigene Andachtskapelle einzurichten, was bis dahin das Privileg von Fürsten war.

Mit der Ausmalung beauftragte man Benozzo Gozzoli (1421/22–1497). Der gehörte nicht gerade zur allerersten Garde der Maler, erwies sich aber für die Zwecke der Familie als überaus gelungene Wahl. Denn er nutzte das gewünschte religiöse The-

ma, den Zug der Heiligen Drei Könige, auch ganz im Sinne seiner Auftraggeber zur Darstellung von Macht, Pracht und Reichtum der Medici. Auf drei Wänden zieht sich ein feierlicher Zug mit prächtig gekleideten Menschen durch eine heitere Hügellandschaft, die an die Umgebung von Florenz erinnert. Mittendrin die Medici mit Vertretern dreier Generationen, dazu ihre Verwandten, Verbündete, erlauchte Gäste, kirchliche Würdenträger und Florentiner Kaufleute. Rechts vom Eingang kommt ein Zug den Hügel herab, in der ersten Reihe die beiden Auftraggeber: Cosimo der Ältere, zwar auf kostbar gezäumtem hellbraunem Maultier, aber bescheiden und in zurückhaltendem Schwarz gekleidet, rechts neben ihm sein erstgeborener Sohn Piero auf einem Schimmel. Maultier und Pferd sind mit Medici-Emblemen, goldenen Kugeln und Federn, geschmückt, auf Pieros Zaumzeug strahlt außerdem golden das Familienmotto »semper« (ewig). Weit oben hat sich der Maler selbst keck ins Bild gebracht, zu erkennen an seinem Namen auf der Mütze. In der Reihe hinter Cosimo erscheint dessen Enkel Lorenzo mit seiner charakteristisch eingedellten Nase. Er taucht sogar noch einmal auf als junger König Kaspar, der den Zug anführt – zu erkennen am Dichter-Lorbeer, der seinen Kopf einrahmt und das Zeichen Lorenzos war. Der idealisiert dargestellte junge Mann mit goldverziertem Wams und Krone auf weißem Pferd steht im Zentrum des Bildes, verkörpert die strahlende Zukunft der Dynastie. Der Kaufmannssohn als zukünftiger König: Das wird hier als Traum der Medici ins Bild gesetzt.

Das Werk enthält eine Fülle von Anspielungen auf zeitgenössische Ereignisse und Personen, auf die Geschichte der drei Könige und eine ausgeklügelte Farbsymbolik. Über viele Einzelheiten und Bezüge informiert sehr ausführlich und brauchbar das (auch auf Deutsch erhältliche) Buch von Franco Cardini *Die Heiligen Drei Könige im Palazzo Medici*. Aber selbst ohne Spezialwissen geben die Fresken erstaunlich viel zu sehen. Beeindruckend allein die Tiere: Kamele, Pfauen und edle Jagdleoparden tauchen auf, aber auch die Vielfalt der heimischen Vogelwelt: Sperber, Distelfinken, Wachteln, Raben, Dohlen, Elstern, Meisen und Turteltauben, Gabelweihe und Fasan. Gozzoli, der mit diesen Fresken sein Meisterwerk geschaffen hat, malt auch noch das kleinste Detail mit fast kalligraphischer Sorgfalt und taucht alles in ein sanft schimmerndes Licht. So verleiht er der strikten politischen Botschaft der Medici – ihren aristokratischen Bestrebungen und ihrer Selbstverherrlichung – einen zauberhaft poetischen Glanz.

9

BUS C1 PROCONSOLO

Boccaccio-Bild im Palazzo dell'Arte dei Giudici e Notai

PALAZZO DELL'ARTE DEI GIUDICI E NOTAI
VIA DEL PROCONSOLO, 16R
WWW.FISHINGLAB.IT
TGL. 11-24 UHR

TIPP

DAS GEBÄUDE BEHERBERGT HEUTE DAS FISHING LAB – EIN NACH AUSKUNFT EINHEIMISCHER FREUNDE EMPFEHLENSWERTES RESTAURANT. MAN KANN DIE FRESKEN AUF ANFRAGE ABER AUCH BESICHTIGEN, OHNE EINZUKEHREN.

Untreue Ehefrauen, unkeusche Mönche und Nonnen, Falschspieler, Meuchelmörder, Diebe, Verräter: Die Protagonisten in Giovanni Boccaccios *Decamerone* sind keine Heiligen. Am schlimmsten aber ist ein Notar, frech belügt er Gott noch auf dem Totenbett. In seiner großen, komischen und drastischen Novellensammlung hält Boccaccio seinen Landsleuten einen Spiegel vor und beschreibt eine Gesellschaft, die ganz auf Lug und Betrug aufgebaut ist. Ein erstaunliches literarisches Debüt für jemanden, dem die Literatur nicht in die Wiege gelegt worden war. Sein Vater, Teilhaber der Bardi-Bank, damals eine der beiden weltgrößten Banken, steckte den

Knaben früh in die Lehre bei einem Geldhändler in Florenz. Auf Wunsch des Vaters studierte Giovanni auch noch Jura; als Richter oder Notar fand man immer Arbeit in einer Kaufmannsstadt mit Vertragsabschlüssen und Rechtsstreitigkeiten aller Art. Sein erster Job führte ihn als Angestellter der Bardi-Bank mehrere Jahre nach Neapel. Bald gefiel ihm das Hofleben dort besser als die schnöde Ökonomie. Er genoss die Bankette mit schönen Frauen, am meisten aber begeisterten ihn gelehrte Dispute und Dichterlesungen, bei denen er auftrat und schnell gefeiert wurde. Sein neuer Berufswunsch Dichter und Philosoph bekam einen Dämpfer, als sein Vater zusammen mit der gesamten Bardi-Bank 1343 bankrottging und Giovanni zurück nach Florenz musste, um die Familie als Notar zu ernähren. Eine harte Lektion für den verwöhnten Hofliebling, zumal in einer Zeit, in der in Florenz nicht nur wirtschaftlich vieles zusammenbrach, sondern 1348 die Pest fast die Hälfte der Bewohner dahinraffte.

Doch seine literarischen Ambitionen gab er nicht auf. Ab 1349 schrieb Boccaccio an seiner Novellensammlung, die bereits 1353 erschien. Das volkstümliche Buch mit seiner deftigen Sprache und den komischen Geschichten wurde begeistert aufgenommen. Doch trotz des Erfolges und vieler Aktivitäten als Schriftsteller – er schrieb beispielsweise eine noch heute lesenswerte Dante-Biographie – war Boccaccio am Ende seines Lebens unzufrieden und pleite: »Gezwungen, einer einträglichen Tätigkeit nachzugehen (...), geschah es, dass ich weder Kaufmann noch Jurist wurde und dazu auch noch die Gelegenheit versäumte, ein berühmter Dichter zu werden.«

Daran, dass er dennoch ein berühmter und geachteter Dichter wurde, haben auch die Florentiner selbst Anteil. Ein frühes Fresko aus der zweiten Hälfte des 14. Jahrhunderts zeigt ihn an der Seite des verehrten Dante im

BOCCACCIO-BILD IM PALAZZO DELL'ARTE DEI GIUDICI E NOTAI / 42

Pantheon der Dichter und Gelehrten. Er ist die Figur mit dem schwarzen Kopftuch. Das Gemälde befindet sich im prächtigen einstigen Palast der Zunft der Notare und Richter an der Via del Proconsolo. Offenbar haben die Notare ihm damals die ziemlich kritische Schilderung ihres Berufsstandes im *Decamerone* nicht übelgenommen.

Rund um die Piazza della Signoria

10

BUS C1 GALLERIA DEGLI UFFIZI

Schönheit und Politik auf der Piazza della Signoria

PIAZZA DELLA SIGNORIA

TIPP

(TEURER) LOGENPLATZ MIT BESTEM BLICK:
DAS RIVOIRE. BESONDERS GUT
DIE HEISSE SCHOKOLADE.
VIA VACCHERRIA 4R
WWW.RIVOIRE.IT
TGL. 7.30–22 UHR

Andere Städte besitzen gerade einmal ein Reiterstandbild oder einen Brunnen auf ihrer Piazza. Florenz hat beides und dazu ein Dutzend weiterer Skulpturen. Seit je spielte die Bildhauerkunst eine besondere Rolle im öffentlichen Leben der Stadt. Um Schönheit allein ging es nie, immer spielte die politische Bedeutung der Kunstwerke eine Rolle. Jede Skulptur auf der Piazza della Signoria war ein Statement, weder die Thematik noch die Anordnung der Figuren oder der Ort der Aufstellung waren zufällig.

Die berühmteste Skulptur auf dem Platz, Michelangelos *David*, war ursprünglich für den Dom vorgesehen. Doch die Bau-

kommission entschied 1504 anders. In dem Ausschuss saß die *Crème de la Crème* der Florentiner Künstler: Sandro Botticelli, Filippino Lippi, Perugino und Leonardo da Vinci. Sie alle staunten nicht schlecht: Viel war nicht dran an diesem David. Getreu seinem Motto »Unter Bildhauerkunst verstehe ich die Kunst, Überflüssiges wegzunehmen« präsentierte Michelangelo eine Figur ohne ihre üblichen Attribute wie Goliaths Haupt. Statt in schwerer Rüstung stand da ein gutgebauter nackter Jüngling, die kleine Steinschleuder kaum sichtbar auf seinem Nacken, lässig und doch sicher auf der Erde. Für die strenge Kommission war schnell klar: Dieser David verkörperte so klar die republikanischen Tugenden der Stadt, dass er ins politische Zentrum gehörte. Am Eingang des *Palazzo Vecchio* sollte er zukünftig Volk und Regierung daran erinnern, die Freiheit gegen jeden Tyrannen zu verteidigen. Der Transport des kostbaren Stückes zur Piazza glich einem Triumphzug, begeistert begleiteten die Florentiner Bürger, reiche Kaufleute wie kleine Handwerker, ihr neues Wahrzeichen dorthin.

Als die Medici ab 1530 die Republik in eine Diktatur umwandelten, bauten sie zwar den republikanischen Regierungssitz im Inneren zu einer repräsentativen Herrscherresidenz um, doch die beliebte David-Skulptur davor konnten sie nicht einfach entfernen, das hätte einen Aufstand zur Folge gehabt. Also versuchten sie, David durch andere Kunstwerke zu »neutralisieren«. Meist ging das schief: Baccio Bandinellis riesiger *Herkules* (1533/34) (rechts vom Eingang) sollte eigentlich zeigen, dass nur ein absoluter Herrscher für Recht und Ordnung sorgen könne, die Florentiner aber sahen in ihm den brutalen Medici-Herzog Alessandro I., der Florenz im Würgegriff hielt.

Cosimo I. ging klüger vor, als er 1545 Goldschmied Benvenuto Cellini (1500–1571) mit einer

Perseus-Statue beauftragte (in der *Loggia dei Lanzi*). Kein Kraftkerl wie Herkules, sondern ein Held wie David, der mit List und Schlauheit die schreckliche Meduse überwältigt. Erst Cellinis fein gearbeitete Bronzeskulptur überzeugte schließlich die Florentiner. Für den Herzog ein voller politischer Erfolg, denn der Künstler hatte eine sehr elegante Form gefunden, den Machtanspruch der Medici zu symbolisieren: Schwert und Medusenhaupt, dessen Anblick auch im Tod jeden versteinern konnte, zeigen direkt auf den Betrachter und damit auf das Volk. Eine klare Botschaft für alle Feinde der Medici. Cellini selbst hatte nur ein Ziel: Michelangelo als Künstler zu übertreffen. Das gelang ihm trotz allen Zuspruchs nicht. Die Bürger von Florenz erkannten seine Kunst an, ihre Liebe aber gilt bis heute dem *David*.

11

BUS C1 GALLERIA DEGLI UFFIZI

Guelfen und Ghibellinen: die Zinnen des Palazzo Vecchio

PIAZZA DELLA SIGNORIA
WWW.MUSEICIVICIFIORENTINI.COMUNE.FI.IT
APRIL–SEPTEMBER TGL. 9–23 UHR; DO 9–14 UHR; OKTOBER–MÄRZ TGL. 9–19 UHR; DO 9–14 UHR; TURM (DEN MAN UNBEDINGT BESTEIGEN SOLLTE): APRIL–SEPTEMBER TGL. 9–21 UHR; DO 9–14 UHR; OKTOBER–MÄRZ TGL. 10–17 UHR; DO 10–14 UHR
KOMBITICKET MUSEUM/TURM: 14 EURO

Rustikale Steine, kleine, unten vergitterte Fenster, Schießscharten und dazu der fast 100 Meter hohe Wehrturm: Dieser Bau ist in seiner gesamten Gestalt eine einzige Ansage: Wir sind mächtig, wir lassen uns nichts gefallen, wir bekämpfen unsere Feinde, wir verteidigen die Republik. So jedenfalls interpretierte der damalige Stararchitekt Arnolfo di Cambio seine Aufgabe und baute den Florentinern von 1299 bis 1314 eine wahre Trutzburg hin, die wohl mächtigste der ganzen Toskana. Innen sollte der Bau verschiedene Funktionen republikanischen Regierens ermöglichen.

Seit 1282 hatten die Florentiner endgültig eine Art Republik:

VERITÀ
PER

eine Stadtregierung, die von Vertretern der Zünfte gewählt wurde. Um die Alleinherrschaft einer Familie zu verhindern, wurde ein kompliziertes System von Ratsversammlungen und Ausschüssen gebildet, die alle hier tagen mussten. Und man beschloss eine sehr rasche Rotation der Prioren, der Stadtoberen, die jeweils nur für zwei Monate gewählt wurden. Doch auch dann traute man ihnen nicht: Sie mussten während der ganzen Zeit im *Palazzo dei Priori*, wie der Bau anfangs hieß, wohnen.

Der Adel hatte nichts mehr zu sagen – zumindest offiziell. Interessanterweise aber bediente sich di Cambio vieler Elemente adligen Bauens: Der Palazzo unterscheidet sich kaum von einer mittelalterlichen Burg, der Turm ähnelt den Wehrtürmen der alten Adelsfamilien, die das Volk 1250 gekappt hatte, sodass der republikanische Turm jetzt alle anderen Türme überragte. Auch eine Ansage.

Die rätselhaftesten Bauelemente sind die Zinnenkränze an Bau und Wehrturm. Zinnen waren früher dem Adel vorbehalten: Sie zeigten die Wehrhaftigkeit und den hohen gesellschaftlichen Stand ihrer Besitzer an. Beim *Palazzo Vecchio* aber sind sie auch als Schmuckelemente eingesetzt. Di Cambio nutzt nun zweierlei Formen: Den Bau begrenzen rechteckige Zinnen, sogenannte Guelfenzinnen, während der Wehrturm mit Ghibellinenzinnen geschmückt ist, die in einer Art Schwalbenschwanz enden. Damit erinnern sie an die vielen vergangenen Kämpfe zwischen Guelfen und Ghibellinen, d. h. zwischen aufstrebenden Patriziern, Handels- und Stadtbürgertum, die die Guelfen unterstützten, und zugezogenen Landadeligen, die stolz, altmodisch, gegen den wirtschaftlichen Fortschritt eingestellt und meist Anhänger der Ghibellinen waren.

Nach vielem Hin und Her waren die Ghibellinen Ende des 13. Jahrhunderts endgültig aus der Stadt verjagt worden. Nichts mehr sollte an sie erinnern. So war die Piazza della Signoria auf den Grundstücken des einstigen Ghibellinenführers Farinata di Uberti errichtet worden, dessen Häuser und Türme man dem Erdboden gleichgemacht hatte. Allerdings durfte der einstige Grund von Verfemten nicht bebaut werden – daher die asymmetrische Anlage des Platzes. Um den Regierungspalast zu errichten, kaufte man ein Grundstück, das den Foraboschi gehörte, die zwar zu den Guelfen übergelaufen waren, aber seit 1292 als Adlige keine politischen Ämter mehr übernehmen durften.

Für den Bau des *Palazzo Vecchio* waren sie gezwungen worden, ihre Häuser aufzugeben. Ihren Wehrturm hat man mit verbaut, was noch an den blinden Fenstern zu erkennen ist. So tragen Piazza della Signoria und *Palazzo Vecchio* Spuren der wechselvollen Geschichte der Stadt.

12

BUS C1 GALLERIA DEGLI UFFIZI, C2 CONDOTTA

Avantgarde-Küche in der Gucci Osteria

GUCCI OSTERIA
PIAZZA DELLA SIGNORIA, 10
TGL. 12.30-15 UHR, 19-22.30 UHR
TEL. RESERVIERUNG: +39 055 759 27038
GUCCIOSTERIA.MB@GUCCI.COM

TIPP

DER GUCCI-GARDEN IM SELBEN PALAZZO: GUCCI-STARDESIGNER ALESSANDRO MICHELES ETWAS DURCHGEKNALLTE UND VERSPIELTE PRÄSENTATION SEINER MODEIDEEN UND INSPIRATIONEN DURCH GUCCI-KLASSIKER.

Als Massimo Bottura das neue Gericht »Sechs Tortellini, die auf der Brühe spazieren gehen« servierte, hagelte es Proteste in seiner essbegeisterten Heimatstadt Modena: Diese teure Miniportion Teigtaschen auf gelierter Brühe – eine Verhöhnung des traditionellen Sonntagsgerichts in Norditalien! Inzwischen gilt Bottura als einer der besten Köche der Welt. Kritiker wie Gourmets schwärmen davon, dass endlich jemand die immer gleiche italienische Küche modernisiert habe. Klar, dass sein Drei-Sterne-Restaurant auf Jahre hinaus ausgebucht ist.

Doch seit Januar 2018 kann man Botturas Avantgarde-Küche ausgerechnet im esstech-

nisch sehr traditionsbewussten Florenz (bisher) auch ohne lange Wartelisten probieren: in der *Gucci Osteria*. Die gehört zum neu eröffneten *Gucci-Garden*, eine Art Concept Store mit eigenem Mode-Museum, Mini-Kino, einem Kabinett für Selfies und einer Boutique, in der das billigste T-Shirt 350 Euro kostet. Alles nach Ideen des neuen Chefdesigners Alessandro Michele, der auch das Lokal passend zum Garten-Motto in knalligem Erbsengrün designt hat.

Die übersichtliche Karte enttäuscht allerdings. Internationales Fastfood, Hot Dogs, Burger und Tacos. Eine Bouillabaisse kann mit ihrem schönen Namen punkten: *Napoli e Marsiglia non sono poi cosi lontane*, Napoli und Marseille sind nicht so weit weg, ist aber auch nicht typisch italienisch. Unsere Wahl fällt dann auf unspektakuläre *Tortellini in crema di Parmegiano Reggiano*, wird jedoch vom Kellner begeistert kommentiert: Die Pasta sei handgemacht, für die Soße würde nur 36 Monate gereifter Parmesan verwendet. Das Gericht sah dann so unspektakulär aus wie der Name: eine überschaubare Anzahl sehr kleiner Tortellini in heller Soße. Aber schon der erste Biss überwältigt: ein hauchzarter Teig mit einer Füllung aus traditionellen Zutaten wie Mortadella, aber von unglaublicher Konsistenz und Eleganz, kleine Wunderwerke, die auf der Zunge zergehen. Und eine Sauce, bei der man denkt, bisher noch nie richtigen Parmesan gekostet zu haben, so intensiv und so fein zugleich. Die beste Pasta, die wir je in Italien gegessen haben!

Auch andere Gerichte überzeugten, zum Beispiel das Dessert, ein »dekonstruierter Cheesecake«: ein paar geröstete Kuchenkrümel, ein Klecks Mousse, dazu ein Eis aus Amarenakirschen. Eigentlich eine Frechheit, das als Kuchen auszugeben, aber eine lustige Idee, gut komponiert, sehr dekorativ und das Eis so intensiv, so fruchtig, wie man es selbst in guten Gelaterien selten bekommt. Das Essen hier ist nicht ganz billig, für die kleine Portion Tortellini zahlt man 20 Euro, aber alles ist den Preis wert.

Angenehmerweise herrscht hier auch nicht die steife Atmosphäre wie oft in Sternerestaurants, das Publikum ist gemischt, von Amerikanern in Sportkleidung bis zu jungen Frauen, die von Kopf bis Fuß Gucci tragen und Burger essen. Der Service ist sehr nett und hilfsbereit. Lauter junge Männer, alle in der derzeitigen Uniform des *Gucci-Gardens*: Blumenschürze, schmale knöchellange Hose, offene Schuhe mit unglaublich hässlichen beigen Socken. Aber mit einer solchen Selbstverständlichkeit getragen, dass wir nebenbei eine kleine Lektion in italienischer *sprezzatura* erhalten, jener Kunst italienischer Männer, Modisches ganz unangestrengt und lässig wirken zu lassen.

13

BUS C2 GHIBELLINA BARGELLO

Die Geburt der Renaissance: zwei Bronzetafeln im Bargello

MUSEO NAZIONALE DEL BARGELLO
VIA DEL PROCONSOLO, 4
WWW.BARGELLOMUSEI.BENICULTURALI.IT
TGL. 8.15-17 UHR, AUSSER 2. UND 4.
SONNTAG SOWIE 1., 3.
UND 5. MONTAG JEDEN MONATS
EINTRITT: 9 EURO

TIPP

SEHR GUTE, PREISWERTE PANINI
IN GROSSER AUSWAHL BEI I FRATELLINI,
VIA DEI CIMATORI 38R
WWW.IDUEFRATELLINI.IT

Man übersieht sie leicht, die beiden kleinen Bronzetafeln am Eingang des Donatello-Saals des *Museo Nazionale del Bargello*. Dabei markieren sie den Beginn der Renaissance in Florenz, sie gelten als erste Werke, in denen sich Künstler explizit mit der Antike auseinandersetzten. Beide entstanden bei einem Wettbewerb, der 1401 für neue Bronzetüren des Baptisteriums ausgerufen wurde. Jeder Teilnehmer erhielt 35 Kilogramm Bronze und ein Jahr Zeit. Das Thema: die Opferung Isaaks durch Abraham, die Gott erst in letzter Sekunde verhindert.

Von sieben Bewerbern sortierte die Kommission fünf gleich aus. Übrig blieben ausgerechnet die

beiden jüngsten, beide aus Florenz: Filippo Brunelleschi (1377–1446), erst seit Kurzem Goldschmiedemeister, und Lorenzo Ghiberti (1378–1455), der noch nicht einmal einer Zunft angehörte. Nach Ablauf der Frist präsentierten sie ganz unterschiedliche Werke. Brunelleschi konzentrierte sich auf den dramatischen Höhepunkt und zeigte, wie Abraham seine Klinge an den Hals des Sohnes hält, Ghiberti hingegen brachte mehrere Episoden dieser biblischen Geschichte aus dem Alten Testament in dem vorgeschriebenen kleinen Format 45 x 38 cm unter. Doch erstaunlicherweise hatten sich beide – unabhängig voneinander – sehr deutlich an der Kunst der Antike orientiert, vor allen in ihrer überaus realistischen Darstellungsweise: Bei Ghiberti huscht eine detailgetreue Eidechse durch die Szenerie, bei Brunelleschi sieht man sogar die einzelnen Strohhalme, die aus dem brüchigen Sattel eines Esels herausquellen. Und dann die Darstellung der Menschen! Ghibertis nackter Isaak wirkt wie eine antike Knabenskulptur, und Brunelleschi platzierte in das biblische Geschehen einfach einen Dornenauszieher – auch so ein antikes Motiv.

Keine leichte Entscheidung für die Jury. Nach monatelangen Beratungen entschied sie sich dann einstimmig für Ghiberti. Ihre Begründung ist nicht überliefert, aber möglicherweise sprach Ghibertis weit sparsamerer Umgang mit der teuren Bronze für ihn. Er verbrauchte sieben Kilogramm weniger – bei geplanten achtundzwanzig Einzelplatten für das Portal brachte das eine Ersparnis von fast vier Zentnern. Der Ausgang des Wettbewerbs hatte jedenfalls große Auswirkung auf das Leben der beiden Künstler – und auf Kunst und Architektur in Florenz.

Für Ghiberti war er der Auftakt einer großen Karriere. Sein Leben lang arbeitete er an den bronzenen Türen des Baptisteriums und brachte es dabei zu großer Meisterschaft. Sein von 1426 bis 1452 entstandenes Ostportal verglich der begeisterte Michelangelo sogar mit der »Tür zum Paradies«. Brunelleschi hingegen rührte nie wieder Bronze an. Er war so sauer, dass er die Stadt verließ und mit seinem Freund Donatello nach Rom ging, um dort die antiken Bauwerke zu studieren. Ohne seine Niederlage und ohne sein Wissen um die Konstruktionskunst der Römer, so steht zu vermuten, hätte er die großartige Domkuppel, das spätere Wahrzeichen von Florenz, nicht bauen können.

14

BUS C1, C3 BENCI

Ein lost place mitten in der Stadt: die Piazza Peruzzi

PIAZZA PERUZZI

TIPPS

OSTERIA DE' PAZZI, VIA DEI LAVATOI, 1/3R, VOLKSTÜMLICHES LOKAL MIT GESPRÄCHIGEM WIRT, MITTAGS WENIGER TOURISTEN. TGL. AUSSER MONTAGS 12.30-14.45 UHR, 19.30-22.45 UHR TEL. +39 055 234 4880

AQUA FLOR, PARFÜMS UND SEIFEN IN WUNDERBAR ALTMODISCHEM LADEN BORGO SANTA CROCE, 6 WWW.AQUAFLOR.IT

Ein Turm mit einem verblichenen Wappen, ein alter Palast, ein pittoresker Torbogen, dazu eine kleine Piazza, auf der fast immer unheimliche Stille herrscht: Viel mehr ist nicht von einer Familie geblieben, die einst das Schicksal von Florenz und ganz Europa bestimmte. Dabei waren die Peruzzi Anfang des 14. Jahrhunderts zusammen mit der Bardi-Familie die großen »Global Player« der damaligen Welt.

Ursprünglich Wollhändler und Tuchfabrikanten, gründeten sie um 1250 eine Bank und merkten dabei schnell, dass man mit Geldgeschäften viel mehr verdienen konnte. Innerhalb von wenigen Jahrzehnten bauten die Peruzzi ein riesiges Wirtschafts-

imperium mit Filialen in ganz Europa auf. Am lukrativsten war das Geschäft mit Krediten. Sie liehen Königen und Päpsten Geld, auch ganze Städte standen bei ihnen in der Kreide. Das kirchliche Zinsverbot umgingen sie dabei auf sehr kreative Art: Sie ließen sich die (verbotenen) Zinsen nicht in Geld auszahlen, das wäre zu offensichtlich gewesen, sondern kassierten stattdessen Steuern, Zölle, Ernteerträge und andere Staatseinnahmen. In England finanzierten sie zusammen mit der Bardi-Bank den Haushalt der englischen Könige und bekamen im Gegenzug das Monopol für die begehrte englische Wolle. In Neapel liehen sie den Anjou Geld für deren Luxusleben und erhielten zum Schluss sogar die jährliche Weizenproduktion, Haupteinnahmequelle des Königreichs im Süden. 1325 gehörte ihnen praktisch das gesamte Königreich, sie ernannten dort sogar die Beamten. Auch Edward III. überschrieb schließlich alle seine Einnahmen den beiden Florentiner Banken.

Ins Wanken geriet das gesamte System durch den Beginn des Hundertjährigen Krieges in England, für den der englische König seit 1339 immer mehr Geld benötigte. 1342 war Edward III. zahlungsunfähig. Den Peruzzi schuldete er 600 000 Goldfiorini, den Bardi sogar 900 000. Peruzzi und Bardi gingen kurz darauf im größten Bankencrash, den Florenz jemals erlebte, bankrott. Die Bardi-Familie arbeitete sich später wieder hoch – als leitende Angestellte bei den Medici. Die Peruzzi spielten nie wieder eine bedeutende Rolle in Florenz. Daran erinnert dieser *lost place* mitten in der Stadt.

15

BUS C1, C3 BENCI ODER VERDI

Giottos Fresken in Santa Croce

BASILICA DI SANTA CROCE
EINGANG LARGO PIERO BARGELLINI (LINKS VON DER FASSADE DER KIRCHE)
WWW.SANTACROCEOPERA.IT
MO-SA 9.30-17 UHR; SO 14-17 UHR
EINTRITT: 8 EURO

TIPP

VEGETARISCH UND VEGAN ESSEN (VIELE SALATE!) ODER KAFFEE TRINKEN UND IN KUNSTBÄNDEN STÖBERN IN DER SYMPATHISCHEN LIBRERIA BRAC, VIA DEI VAGELLAI 18R
WWW.LIBRERIABRAC.NET
RESERVIEREN! INFO@LIBRERIABRAC.NET, TEL. +39 055 094 4877

Schon seine Zeitgenossen lobten ihn in höchsten Tönen. Boccaccio widmete ihm im *Decamerone* eine Novelle, Dante pries ihn in der *Divina Commedia* als berühmtesten Maler: Giotto di Bondone (1266/67–1337) war der Malerstar seiner Zeit. Er arbeitete für Papst Bonifatius VIII., König Robert in Neapel, für reiche Banker und immer wieder für den Franziskanerorden, dessen Kirchen in Assisi und Padua er ausmalte. Diese Fresken machten ihn auch bei den einfachen Leuten berühmt, manche Kunsthistoriker behaupten, Giotto habe entscheidend zur Verbreitung der Armutsideale der Franziskaner beigetragen.

In Florenz malte Giotto in der

Franziskanerkirche *Santa Croce* zwei Kapellen aus: die Peruzzi-Kapelle und die Bardi-Kapelle. Die Letztere ist ganz dem Heiligen Franziskus gewidmet: Wie er sich von seinem reichen Vater lossagt, wie er vom Bischof einen Mantel empfängt, wie er sich mit der Armut vermählt, dazu verschiedene Wunder und Visionen. Auffällig ist der große Realismus der Fresken – sogar einen dreidimensionalen Raum gestaltete der Künstler lange vor der Entdeckung der Zentralperspektive. Giottos Bilder wirken ganz anders als die flächigen byzantinischen Bilder, die bis dahin zu sehen waren. Besonders realistisch gestaltete Giotto die Personen. Zunächst verabschiedete er sich vom byzantinischen Prinzip, Christus und die Heiligen gemäß ihrer Bedeutung stets größer als die Menschen zu malen. Bei Giotto ist Franz von Assisi genauso groß wie die anderen, der Heilige unterscheidet sich nicht von seinen Ordensbrüdern, er ist ein Mensch unter Menschen. Und dann die lebendige, realistische Darstellung der Personen! Sie leben, atmen und bewegen sich, statt wie auf den byzantinischen Bildern steif herumzustehen. Meisterhaft auch seine Darstellung von Emotionen, wie im zentralen Fresko mit Franziskus auf dem Totenbett. Das ganze Spektrum der Gefühle zeigt Giotto an den Gesten, Blicken und den Händen seiner ehemaligen Gefährten: die Trauer des Mönchs, der klagend die Arme hochwirft, die Verehrung eines anderen, der mit gefalteten Händen verzückt das Antlitz des Toten betrachtet, die Liebe eines dritten, der die Hand des Toten küsst, die Demut der beiden, die ihm die Füße küssen. Giotto malte alles so, wie es sich tatsächlich hätte abspielen können. Damit konnten sich auch arme Menschen identifizieren, die weder lesen noch schreiben konnten.

Die Auftraggeber dieser beiden berühmten Kapellen waren damals allerdings schwerreich. Sie hofften, mit den großzügigen Spenden an den Orden Gott gnädig zu stimmen, damit er über das verwerfliche Zustandekommen ihres Reichtums hinwegsähe. Ein Geschäft auf Gegenseitigkeit. Die Franziskaner nahmen Spenden gern an und bescherten im Gegenzug den reuigen Sündern ein gutes Gewissen. Und nebenbei schmückten sie ihre Kirche und wurden immer wohlhabender. Auch der Künstler selbst, der so eindrückliche Bilder für die Armutsforderungen des heiligen Franziskus fand, war ein knallharter Unternehmer: Giotto spekulierte mit Immobilien, verlieh Webstühle für Wucherzinsen von 120 % (üblich waren 50 %) und beschäftigte allein in Florenz bis zu sechs Notare, um Schulden einzutreiben.

16

BUS C1, C3 BENCI

Vivoli – oder: Wo gibt es das beste Eis in Florenz?

VIVOLI, VIA DELL'ISOLA DELLE STINCHE, 7R, WWW.VIVOLI.IT
GELATERIA DEI NERI, VIA DEI NERI, 9/11R
PERCHÉ NO!, VIA DEI TAVOLINI, 19R
GELATERIA CARABÉ, VIA RICASOLI, 60R
RIVARENO GELATO, BORGO DEGLI ALBIZI, 46R, WWW.RIVARENO.COM
LA SORBETTIERA, PIAZZA TORQUATO TASSO, 11
GELATERIA LA CARRAIA, PIAZZA NAZARIO SAURO, 25R, WWW.LACARRAIAGROUP.EU
GELATERIA DELLA PASSERA, VIA TOSCANELLA, 15R
GELATERIA PASTICCERIA BADIANI, VIALE DEI MILLE, 20R, WWW.GELATERIABADIANI.IT

Bei meinem ersten Florenzbesuch vor vielen Jahren bestand unsere Gastgeberin darauf, spät abends noch ein Eis bei *Vivoli* essen zu gehen. Kreuz und quer ging es durch dunkle Gassen, bis wir auf einem kleinen Platz mit vielen Menschen mit einem Eis in der Hand landeten. In der Gelateria selbst drängelten sich noch mehr Leute. »Erst bezahlen und dann das Eis« war die erste Lektion. Die zweite: Es gibt italienisches Eis in Deutschland und Eis in Italien – ein himmelweiter Unterschied! Ich erinnere mich an *Bacio* mit ganzen Haselnüssen und vor allem an halbgefrorene *Semifreddi*: geschichtete *Zuppa Inglese* und *Biscotto* mit Keksstückchen. Die dritte Lek-

Vivoli

tion: Eis ist in Italien keine reine Kindersache, sondern eine ernstzunehmende Süßspeise, auch Erwachsene sind oft leidenschaftliche Eisesser und -kenner. Deshalb haben hier – anders als in Deutschland – Eisdielen auch oft bis Mitternacht geöffnet.

Vivoli galt damals uneingeschränkt als beste Gelateria von Florenz. Fragt man heute, hat fast jeder einen anderen Lieblingsort. Ganz hoch im Kurs steht (leider auch bei *TripAdvisor* und *Lonely Planet*) das Eis in der Via de' Neri um die Ecke (ihr Hit: Feige mit Ricotta). Ebenfalls im Zentrum empfehlen Einheimische das *Perché No!* In der Nähe der Accademia bietet das *Carabé* klassische sizilianische Eiskunst, beispielsweise erfrischende Granita aus Mandelmus, Zitrone oder Kaffee. Und dann die Eisdielen, die mit neuen Sorten und ausgewählten Zutaten experimentieren. Meist prunken sie nicht mit bunten Eisbergen und Streuseln, manchmal gleichen sie sogar – wie das *Rivareno* in der Nähe der Piazza Sant'Ambrogio – einem kühlen Laboratorium. Dort wird das Eis in geschlossenen Behältern aufbewahrt, aber hier lohnen sich sogar Blindversuche. Ambitionierte Eismacher findet man auch jenseits des Arno wie im *La Sorbettiera*, einem winzigen Tresen an der Piazza Tasso. Viele im Viertel schwören dagegen entweder auf die zahlreichen gehaltvollen Sorten von *La Carraia* an der gleichnamigen Brücke (*Mousse al cioccolato*!) oder ziehen die altmodisch kleine Auswahl puristischer Sorten in der Eisdiele an der Piazza della Passera vor (selten habe ich so ein intensives Kaffeeeis gegessen!). Wahre Eisfans sollten einmal zu *Badiani*, einer ganz normalen Pasticceria, die aber ein preisgekröntes Eis erfunden hat: die Sorte *Buondelmonti*, benannt nach dem Bildhauer, der vor 500 Jahren in Florenz die Eismaschine miterfunden haben soll. Es besteht nur aus Sahne, Ei, Milch und Zucker, lohnt aber den weiten Weg mit dem Bus in die Viale dei Mille.

Vivoli steht zwar nicht mehr ganz vorn in den Rankings der Florentiner, inzwischen aber in jedem Reiseführer. Ich gehe dennoch jedes Mal wieder gern hin. Das Lokal hat sich seit Jahrzehnten kaum verändert: eine Kasse, eine kleine Bar mit Kuchen und Sandwiches, ein paar Tische und die überschaubare Eis-Theke. Wenn man süßes und sahniges Eis mag, ist man hier immer noch richtig.

17

BUS C1 GALLERIA DEGLI UFFIZI

Artemisia Gentileschi in den Uffizien

GALLERIA DEGLI UFFIZI
PIAZZALE DEGLI UFFIZI, 6
TGL. AUSSER MONTAGS 8.15-18.50 UHR
TICKETS KOSTEN 20 EURO PLUS 4 EURO FÜR DIE RESERVIERUNG OHNE LANGES ANSTEHEN ÜBER WWW.UFFIZI.IT (ACHTUNG: VOR DEM BESUCH DEN VOUCHER AM EXTRA-TICKETSCHALTER GEGENÜBER DEN UFFIZIEN EINLÖSEN!).

TIPP

DIE MUSEUMS-CAFETERIA IM 2. STOCK MIT PANORAMA-TERRASSE: TOLLE AUSSICHT!

Die Uffizien zeigen Werke der bedeutendsten Künstler vom 13. bis zum 17. Jahrhundert. Bilder von Frauen waren bisher allerdings selten ausgestellt. Dabei hat eine der besten Malerinnen ihrer Zeit sogar in Florenz gewirkt: Artemisia Gentileschi (1593–1653), die im Auftrag des Großherzogs Cosimo II. eines ihrer großen Bilder für die Sammlung malte: *Judith enthauptet Holofernes*. Das Gemälde lagerte seither jedoch die meiste Zeit im Depot oder hing versteckt in irgendeinem Nebengang.
Seit März 2018 hat dieses Bild endlich einen neuen Platz gefunden, zusammen mit Werken von Caravaggio, allerdings erst am Ende des gesamten chronologi-

schen Museums-Durchgangs. Wer aber antizyklisch geht, kann sich in der Abteilung für das 17. Jahrhundert mit etwas Glück sogar ganz allein in Ruhe in die Bilder vertiefen – eine Seltenheit in den Uffizien.

Gentileschis großformatiges Gemälde hängt jetzt unübersehbar vor sattem Burgunderrot, das die Farben besonders schön zum Leuchten bringt. Goldgelb strahlt Judiths Gewand, warm schimmern die nackten Arme und ihr Dekolleté. Licht und Schatten sind wie bei ihrem Vorbild Caravaggio effektvoll gesetzt. Malerisch überzeugt es sofort. Aber gerade in all seiner Schönheit ist es ein verstörendes Bild. Das Sujet an sich ist schon grausam: Judith verführt und tötet den feindlichen Heerführer Holofernes, um das Volk der Israeliten zu retten. Aber niemand hat dieses Motiv so brutal, so blutig in Szene gesetzt wie Gentileschi. Ihre männlichen Kollegen zeigen Judith meist nach dem Mord als zartes Wesen, dem man eine solche Tat gar nicht zutraut. Gentileschi hingegen malt Judith und ihre junge Dienerin bei der Tat. Mit ungerührtem Gesicht hält die Magd Holofernes fest, während die Heldin ihm die Kehle durchschneidet und mit Abscheu auf ihn blickt. Kein Opfer, auch nicht nur Verführerin, sondern eine Täterin, die genau weiß, was sie tut.

Zwanzig Jahre alt war Artemisia, als sie das Bild malte. Da war die in Rom geborene Künstlerin nach Florenz gezogen – wegen eines Skandals. Früh schon hatte ihr Vater Orazio, selbst Maler und Freund Caravaggios, das außergewöhnliche Talent seiner Tochter erkannt und sie seinem Kollegen Tassi in die Ausbildung gegeben. 1612 dann der Skandal: Artemisia klagte ihren Lehrer öffentlich an: Er habe sie vergewaltigt und entjungfert. Man glaubte ihr nicht, folterte sie sogar, aber sie blieb bei ihrer Aussage. Tassi wurde schließlich zum Exil verurteilt, musste seine Strafe jedoch nicht antreten. Doch Artemisias Ruf war ruiniert, sie wurde schnell verheiratet und floh 1613 nach Florenz. Im Lichte dieser persönlichen Erfahrungen interpretieren Kunsthistorikerinnen ihr Judithbild, von dem sie mehrere Versionen malte, auch als Racheakt an ihrem Vergewaltiger und eine Art Selbstermächtigung als Frau und Künstlerin. Darüber kann man streiten, unbestreitbar aber ist, dass Artemisia eine unglaublich tatkräftige und starke Frau war. Allein, was sie in ihren sechs Jahren in Florenz machte: Vier Kinder brachte sie zur Welt und hielt dabei die Familie durch ihre Malerei finanziell über Wasser. Sie ist eine der großen Meisterinnen des 17. Jahrhunderts, die es mit dem Vorbild Caravaggio durchaus aufnehmen konnte. Bereits 1616 wurde ihr die höchste Ehre in Florenz zuteil: Als erste Frau nahm man sie in die renommierte *Accademia delle Arti del Disegno* auf. 400 Jahre später erhielt ihr Werk immerhin einen angemessenen Platz in der *Galleria degli Uffizi*.

18

BUS C2 PORTA ROSSA

Das Karussell auf der Piazza della Repubblica

PIAZZA DELLA REPUBBLICA
TGL. NOVEMBER-MAI

TIPP

INTIME DACHTERRASSE MIT ATEMBERAUBENDEM RUNDUM-BLICK AUF DEM RINASCENTE-KAUFHAUS:
TOSCA&NINO
PIAZZA DELLA REPUBBLICA, 4
TEL. +39 055 493 3468

»Und dann und wann ein weißer Elefant«, dichtete Rilke über das Karussell, das er 1906 im *Jardin du Luxembourg* sah. Obwohl es weiße Elefanten im kleinen Karussell auf der Piazza della Repubblica nicht gibt, vermittelt es Pariser Flair. Bunte Pferdchen, Kutschen und eine goldene Mondsichel, dazu eine altmodische Lichterkette, und rundum Bänke für die wartenden Eltern machen daraus eine kleine Oase für Kinder mitten im Zentrum von Florenz. Von November bis Mai dreht es sich von morgens bis abends, bei jedem Wetter, darauf legt Familie Picci Wert, die es seit vier Generationen betreibt.
Aufgestellt wurde das Gerät zu Beginn des 20. Jahrhunderts,

L' ANTICO CENTRO DELLA CITTÀ
DA SECOLARE SQUALLORE
A VITA NUOVA RESTITUITO
MDCCCXCV
FI 63
7006

kurz nachdem der neue Platz der Republik eingeweiht worden war. Den fanden die Florentiner überhaupt nicht gut: »Piazza Rottotorio« schimpften sie, Trümmerplatz, weil man für ihn das gesamte mittelalterliche Stadtzentrum abgerissen hatte: den *Mercato Vecchio* mit seinen pittoresken Marktständen, die engen Gässchen und alten Häuser, selbst die berühmte Fischhalle Vasaris von 1568 blieb nicht verschont (und wurde erst 1956 an der Piazza dei Ciompi wieder aufgebaut) – all das, was einst das »glühende Herz des mittelalterlichen Florenz« ausmachte, wie die deutsche Schriftstellerin Isolde Kurz schrieb. Klar, man hatte sich lang schon geärgert über Enge, Dreck, Gestank und auch über die allmählich verfallenden Häuser, aber das war der Alltag, der eben auch dazugehörte. Geschichtsbewusste Florentiner und Fremde organisierten Proteste, gründeten Komitees und entfachten Zeitungskampagnen in ganz Europa. Doch die Stadtverwaltung ließ sich nicht abbringen. 1885 begann sie mit der Radikalsanierung, der unter anderem auch ein römischer Tempel, mittelalterliche Türme, Zunfthäuser, Kirchen und das alte Ghetto zum Opfer fielen. So entstand ein riesiger rechteckiger Platz, gesäumt mit monumentalen Bauten. Außer dem massigen Triumphbogen, der an das alte römische Stadtzentrum hier erinnern sollte, entstanden auf allen Seiten Hotels der gehobenen Kategorie, elegante Cafés und Restaurants. Dass diese neoklassizistischen Gebäude als architektonische Fremdkörper in der Stadt erscheinen, ist kein Zufall. Die Stadtplaner hatten sich vor allem an Paris als der Stadt der Moderne orientiert.

Politiker, Schriftsteller, Künstler, aber auch wohlhabende Reisende nahmen den Ort dann doch überraschend schnell an – Literatencafés wie das *Giubbe Rosse* wurden Anziehungspunkt für eine internationale kulturelle Elite. Platz für die kleinen Leute war hier allerdings nicht mehr, sie wurden in die Randgebiete der Stadt vertrieben. Vielleicht war da das Karussell eine Art Trostpflaster für sie, bot es doch ein erschwingliches Jahrmarktsvergnügen. Heute wünscht man sich manchmal die Weite der Piazza zurück, denn inzwischen ist der Platz fast vollständig bedeckt mit hässlichen glasüberdachten Terrassen, damit die Touristen auch in den kälteren Monaten draußen sitzen können. Wenigstens das Karussell hat überlebt, ein farbiger Tupfer und Sehnsuchtsort auf dem einst vornehmen Platz.

Von Sant'Ambrogio bis zur Piazza San Marco

19

BUS C2, C3 ANNIGONI

Auf dem Markt: der Mercato Sant'Ambrogio

MERCATO SANT'AMBROGIO
PIAZZA LORENZO GHIBERTI
WWW.MERCATOSANTAMBROGIO.IT
TGL. 7-14 UHR (AUSSER SONNTAGS)
TRATTORIA DA ROCCO, MERCATO SANT'AMBROGIO
SEMEL STREET FOOD, PIAZZA LORENZO GHIBERTI, 44
CIBRÈO CAFFÈ, VIA DEL VERROCCHIO, 5R, WWW.CIBREO.COM
CIBRÈO TRATTORIA, VIA DE' MACCI, 122R, WWW.CIBREO.COM
IL GIOVA, BORGO LA CROCE, 73R, TEL. +39 055 248 0639

Was gibt es Schöneres, als auf einem italienischen Markt einzukaufen? Leider ist es in Florenz gar nicht so einfach, seit der *Mercato Centrale* in San Lorenzo vor einiger Zeit in einen riesigen Fresstempel umgewandelt wurde. Jetzt bleibt nur noch der *Mercato Sant'Ambrogio* am östlichen Rand des historischen Zentrums. Gebaut wurde die große Halle 1873 von Giuseppe Mengoni, von dem auch der *Mercato Centrale* stammt. Damals war die kühne Konstruktion aus Glas und Stahl supermodern, heute ist alles etwas in die Jahre gekommen und längst zu klein.
In der Halle selbst herrscht fast klinische Kühle, alles ist sehr sauber. Ordentlich aufgereiht die

Buden der Fischhändler, Pastaverkäufer, Käsespezialisten und der Metzger, die ihre Würste und Schinken, ihre Fleischspieße und marinierten Kräuterschnitzel wie kulinarisch-ästhetische Kunstwerke präsentieren. Überall im Angebot: Fastfood, ein Tribut an die Moderne, in der auch viele italienische Familien oft nicht mehr selbst kochen.

Obst und Gemüse findet man außerhalb unter schattigen Dächern neben Blumenständen und Secondhandklamotten. Die meisten Anbieter kommen aus der Umgebung von Florenz. Wie alle italienischen Händler sind auch sie wahre Künstler beim Dekorieren ihrer Waren: silbrige Artischocken, schön nach Größe gestapelt, Tomaten- und Paprikasorten in allen Rotschattierungen, sogar der *cavolo nero*, der gewöhnliche toskanische Schwarzkohl, wird präsentiert wie eine teure Delikatesse. Und erst das Obst! Wie Farbtupfer leuchten die Körbchen mit den ersten Walderdbeeren im Frühjahr, im Sommer Wassermelonen, Pfirsiche und Feigen, Berge von goldgelben und dunkelvioletten Trauben im Herbst. An jedem Stand geht es lebhaft zu, mal wird um ein paar Cent gefeilscht, mal werden altbewährte Rezepte ausgetauscht oder über die Qualität von Obst und Gemüse gefachsimpelt.

Wer vom vielen Schauen Appetit bekommt, hat reichlich Auswahl. Beliebt ist die *Trattoria da Rocco* in der Halle, wo man auf einfachen Bänken preiswert zu Mittag essen kann. Rund um die Piazza Ghiberti fällt die Entscheidung schwer: das originelle Streetfood im winzigen *Semel*? Klassische Toskanaküche in einem der Lokale des Essimperiums *Cibrèo* oder ein *Panino* beim *Trippaio* an der Ecke zur Piazza Sant'Ambrogio? Bei unserem letzten Besuch entdecken wir noch ein sehr nettes kleines Restaurant: *Il Giova*, wo mittags viele Angestellte und Studenten der nahen Architekturfakultät essen. Es geht schnell, man sitzt eng nebeneinander, die Bedienung ist freundlich, und Hausmannskost wie *Pici cacio pepe* (toskanische Spaghetti, Pecorino und frischer Pfeffer) kostet nicht viel.

Seit einiger Zeit gibt es Pläne, den *Mercato Sant'Ambrogio* wie bereits die nahe Piazza dei Ciompi zu sanieren. Man kann nur hoffen, dass der letzte große Markt in Florenz auch dann noch etwas von seinem alten Charme bewahrt.

20

BUS 6, 31, 32 PIAZZA D'AZEGLIO

Der Erfinder der italienischen Küche: Pellegrino Artusi

PIAZZA MASSIMO D'AZEGLIO, 35

Touristen verirren sich selten in die Gegend um die Piazza Massimo d'Azeglio, obwohl sie gar nicht so weit vom Zentrum entfernt liegt. Zwar gibt es keine Sehenswürdigkeiten aus Mittelalter und Renaissance, aber hier im Haus Nr. 25 wurde das größte immaterielle Kulturgut Italiens wenn nicht erschaffen, so zumindest bekannt gemacht: die italienische Küche.

Bis um 1900 hatte jede Stadt, jede Provinz ihre eigenen regionalen Spezialitäten, die einige Kilometer weiter schon anders zubereitet wurden und anders hießen. Dass es eine nationale italienische Küche gibt, ist erst dem Wahlflorentiner Pellegrino Artusi zu verdanken. Als Seidenhänd-

TIPP

TÄGLICH FRISCHER FISCH
IM RISTORANTE VIVO
LARGO PIETRO ANNIGONI
WWW.RISTORANTEVIVO.IT

ler hatte er in der Stadt so viel Geld verdient, dass er sich frühzeitig aus dem Geschäftsleben zurückziehen und sein eigentliches Hobby zum Beruf machen konnte: Kochen und Essen. Überall kannte der Junggeselle die besten Restaurants, immer schon hatte er Kellner und Köche nach den besten Zubereitungsarten gefragt. Aus diesen Rezepten, die er auf seinen vielen Reisen gesammelt hatte, wollte Pellegrino ein Kochbuch der italienischen Küche zusammenstellen.

Zuerst kochte er alle Rezepte nach. Dazu baute er seine herrschaftliche Wohnung an der Piazza d'Azeglio in eine hochmoderne Versuchsküche um und stellte sich selbst an den Herd. Eine toskanische Köchin und ein Diener halfen. Über 700 Rezepte probierte Artusi aus, die er dann nur noch notieren musste. Leichter gesagt als getan: Überall nannte man die Gerichte anders, im jeweiligen Dialekt. Weder gab es eine einheitliche italienische Küche noch einen allgemeinverständlichen Küchenwortschatz. Den erfand Pellegrino Artusi, der alle Rezepte erst einmal ins Toskanische, seit Dante der bekannteste und angesehenste Dialekt in Italien, übersetzte. Weil er – zu Recht – davon ausging, dass nicht alle Hausfrauen Dante gelesen hatten, stellte er seiner Einführung in die italienische Küche eine Einführung in die toskanische Sprache voran.

Doch kein Florentiner Verleger wollte sein Rezeptbuch drucken. Kochrezepte wurden seit jeher mündlich weitergegeben, zudem waren Frauen damals noch keine große Käuferschicht. Doch Artusi ließ sich auch davon nicht abschrecken: Er druckte 1000 Exemplare im Selbstverlag in seiner Wohnung und machte dann überall Werbung für sein Werk. Mit großem Erfolg: 1902 konnte er bereits die 6. Auflage drucken. Viele begeisterte Hausfrauen schickten ihm jetzt ihre eigenen Rezepte, die – nach gebührender Erprobung natürlich – aufgenommen wurden.

Artusis Kochbuch *L'Arte di mangiar bene* (»Die Kunst, gut zu essen«) wurde ein Bestseller im ganzen Land, bis zum Zweiten Weltkrieg war es oft das einzige Buch in vielen Haushalten. Die Florentiner allerdings ignorierten den erfolgreichen Autor zu seinen Lebzeiten. Erst posthum ehrte ihn die Stadtverwaltung 1994 an seinem ehemaligen Wohnhaus mit einer Plakette nicht nur für seine Kochkünste, sondern auch für seine Verdienste um die italienische Sprache.

21

BUS C2, C3 ANNIGONI

Schokolade mit Tradition: Vestri

VESTRI
BORGO DEGLI ALBIZI, 11R
WWW.VESTRI.IT
MO-SA 10.30-19.30 UHR
IM SOMMER AUCH SEHR GUTES EIS,
IM WINTER HEISSE SCHOKOLADE

Trüffel, Nougat, Pralinen, Kakao: Alles, was man aus Schokolade herstellen kann, findet man in dem kleinen himmelblauen Laden im Borgo degli Albizi: ein Paradies für Süßmäuler. Lange bevor der Kult um hochwertige Schokolade begann, besaß Familie Vestri schon ihre eigene Kakaoplantage und experimentierte mit exotischen Zutaten wie rosa Himalayasalz. Sogar in Tokio haben sie inzwischen eine Dependance. Ihre sehr dekorativ verpackten Täfelchen kann man auch in Deutschland kaufen, Florentiner Spezialitäten gibt es aber nur hier in ihrem Geschäft. Zum Beispiel *Il Cioccolato del Granduca*, die »Schokolade des Großherzogs«, nach einem alten

Rezept, das im 17. Jahrhundert sogar ein Staatsgeheimnis war. Erfunden hat es Francesco Redi für den Großherzog Cosimo III. de' Medici (1642–1723). Der hatte zwei große Leidenschaften: Er liebte Schokolade, das Modegetränk der Aristokratie damals, und seine kostbaren Jasmin-Sträucher im *Giardino di Boboli*. Eines Tages hatte er die Idee, beides miteinander zu kombinieren. Zusammen mit seinem Leibarzt Redi experimentierte er in der gut ausgerüsteten Apotheke seines Palazzo Pitti. Alle möglichen Kombinationen probierten sie aus, bis Redi endlich die beste Rezeptur gefunden hatte. Cosimo scheute weder Kosten noch Mühen, schon die Prozedur, die bis zu zwölf Tage dauerte, war sehr aufwändig. Dazu brauchte man Abertausende frischer Jasminblüten, gemischt mit Kakao, Zucker, Vanille und Zimt. Das Ergebnis aber lohnte sich. Die *Cioccolata al gelsomino* schmeckte sogar den verwöhntesten Adligen an den großen Höfen Europas. Damit übertrumpfte Cosimo die Schokoladenkreationen der spanischen Krone und profilierte sich in ganz Europa als raffinierter Kenner – ein bedeutender politischer Erfolg des Großherzogtums Toskana in einer Zeit, in der es vor allem auf prachtvolle höfische Repräsentation ankam. Das Rezept war deshalb streng geheim und durfte nur mündlich weitergegeben werden. Doch

Redi hielt sich nicht daran und notierte alles. Vier Jahrhunderte später entdeckten Wissenschaftler die alte Rezeptur. Maestro Daniele Vestri, der sich schon lange mit den lokalen Traditionen der Süßigkeit beschäftigt hatte, war begeistert und entwickelte eine moderne Version in fester Form, die man heute bei ihm kaufen kann.

Wem das zu speziell ist, für den gibt es auch einfachere Genüsse: die *Antica Gianduia Fiorentina al Cucchiaio* beispielsweise, eine Art Nutella in der Box. Aber was für eine Creme! Um es mit einer Formulierung Wolfram Siebecks zu sagen: Es reicht, wenn man sie mit einem goldenen Löffel serviert. Den gibt's zu dieser Nougatcreme sogar gratis dazu.

22

BUS C2 MALBORGHETTO

Kultur im alten Gefängnis: Le Murate

LE MURATE, EINGANG VIA DELL'AGNOLO, 1
CAFFÈ LETTERARIO
PIAZZA DELLE MURATE
WWW.LEMURATE.IT
MO-FR 10.30-1 UHR; SA-SO 15-1 UHR

Was macht man mit einem riesigen Gebäudekomplex, der einst als Frauenkloster errichtet, später zu einem Männergefängnis umgebaut wurde und seit Schließung des Gefängnisses 1985 zusehends verfiel? Ein Gebäude, in dem die meiste Zeit Menschen eingesperrt waren, ob freiwillig oder unfreiwillig, und an das viele in Florenz noch eine bittere Erinnerung haben, weil die Faschisten hier politische Gegner folterten. Abreißen und neu bauen? Ein Museum einrichten? Oder doch an einen finanzkräftigen Investor verkaufen?
Die Stadtverwaltung hatte eine bessere Idee: Sie bat Architekturstar Renzo Piano um Vorschläge und Ideen und lud dann zu meh-

CAFFE LETTERARIO

reren Bürgerversammlungen ein, bei denen über die Pläne abgestimmt werden konnte. Bald war klar: Die alten Gebäude sollten bleiben, ebenso der alte Name *Le Murate*, die Eingemauerten. So hatten sich die ersten Nonnen genannt, die seit Beginn des 15. Jahrhunderts hier wohnten. Doch jetzt sollte der gesamte Komplex für die Stadt und zur Stadt hin geöffnet werden. Das Ergebnis kann sich sehen lassen: Aus dem alten Gefängnistrakt ist ein raffiniert modernisierter Komplex mit vielseitiger Nutzung geworden: In den einstigen Zellen entstanden 45 Sozialwohnungen mit modernen Bädern und neuen Balkonen. Nur noch die schweren hölzernen, einbruchssicheren Türen mit Spion erinnern an die frühere Nutzung. Das Erdgeschoss vermietete man an Läden, Büros und lokale Kulturinitiativen und richtete mehrere Ausstellungsräume ein.

Alles gruppiert sich um einen weitläufigen Innenhof mit Bäumen, Rampen, Bänken und einer kleinen Bühne. 2011 eröffnete das *Caffè Letterario*, dessen markant-moderne rote Eingangsfront schnell das Wahrzeichen des neuen Kulturzentrums wurde. Tagsüber sitzen hier Schüler, Studenten und Anwohner mit oder ohne Kaffee. Mittags gibt es einen preiswerten Smart Lunch (2 Gänge inklusive Wasser zu acht Euro), immer auch als vegetarische Variante. Kurzum: ein idealer Ort für eine ruhige Pause. Abends ist hier besonders im Sommer viel los: Buchpräsentationen mit Performances, Lesungen und Debatten knüpfen an die alte Tradition des literarischen Florenz an und haben sich innerhalb kürzester Zeit etabliert. Besonders beliebt sind die sommerlichen Theateraufführungen und die Konzerte von Jazz, Rock bis Klassik spätabends. Wo einst Gefangene maximal eine Stunde frische Luft schnappen konnten, feiern heute Menschen »Magische Nächte« unter freiem Himmel.

23

BUS 8 GRAMSCI / DONATELLO

Die Toteninsel mitten im Verkehr

CIMITERO DEGLI INGLESI
PIAZZALE DONATELLO, 38
TEL. +39 055 582 608
MO 9-12 UHR; DI-FR 15-18 UHR

Er soll den Schweizer Maler Arnold Böcklin zu seinem Gemälde *Die Toteninsel* inspiriert haben: der *Cimitero degli Inglesi*, der Friedhof der Engländer, wie er im Volksmund genannt wurde. Errichtet wurde er 1827 von der Schweizer evangelisch-reformierten Kirche für die zahlreichen nichtkatholischen Fremden, die in Florenz starben und nicht auf den katholischen Friedhöfen der Stadt beerdigt werden durften – wie Böcklins kleine Tochter, die im Säuglingsalter starb und deren Begräbnis auf diesem Friedhof den Maler sehr bewegte. Über 1400 Menschen aus 16 Nationen wurden hier bestattet, die meisten Engländer, darunter beispielsweise

die Dichterin Elisabeth Barrett Browning.
Der überschaubare Friedhof, der schon Ende 1877 wieder geschlossen wurde, sieht tatsächlich aus wie eine Insel. Die allerdings liegt nicht wie auf Böcklins Bild im Meer, sondern im brausenden Verkehr des Piazzale Donatello. Hat man die vielbefahrene mehrspurige Straße, die ganz um den Friedhof herum führt, einmal überquert und betritt den ummauerten Friedhof, dann fühlt man sich tatsächlich wie auf einer Toteninsel: Wie auf dem Bild von hohen, dunklen Zypressen umgeben, steht man überall vor steinernen Särgen, trauernden Marmorengeln und zerbrochenen Grabplatten.

Bei meinem ersten Besuch hier vor zehn Jahren waren viele Steine von Unkraut überwuchert und über allem lag eine Atmosphäre von Vergänglichkeit, Verlassenheit und Tod – nicht ganz so unheimlich wie auf Böcklins Gemälde, aber fast, zumal außer mir kein Mensch auf dem Friedhof war – bis auf die Friedhofswärterin, Schwester Julia. Umso überraschter war ich, als ich im Frühjahr 2018 wieder hierherkam: Viele Gräber waren restauriert und gesäubert, statt wucherndem Unkraut blühten überall wunderschöne blassblaue Iris. Zu verdanken ist dies der privaten Initiative einer unkonventionellen Nonne und einer fleißigen Roma-Familie. In ihrem früheren Leben war Julia Bolton Holloway Professorin für mittelalterliche Literatur, unterrichtete in Princeton und verfasste gelehrte Bücher über Dante und über Mystikerinnen. Nach privatem Unglück trat sie in einen evangelikalen Orden ein, der aber aus Finanznot aufgelöst wurde. Doch sie blieb Nonne, jetzt als »Freelancerin«, und ging nach Florenz, wo sie seit 2000 für den protestantischen Friedhof verantwortlich ist. Die energische, kluge und lebenslustige Frau richtete mit wenig Geld nicht nur eine kleine gemütliche Bibliothek zur Geschichte des Friedhofs ein, sondern traf auch mit einer Roma-Familie, die sie kennenlernte, eine besondere Abmachung: Während sie der ganzen Familie Italienisch beibrachte, half diese im Gegenzug bei der Instandsetzung des Friedhofs und beim Gärtnern. Was auf diese Weise in wenigen Jahren zustande kam, ist bemerkenswert: Aus einem Ort der Trauer haben eine unkonventionelle Nonne und eine Roma-Familie eine Oase des Lebens und der Schönheit geschaffen. Treffend bemerkte die Präsidentin des Friedhofsvereins: Der Cimitero sei jetzt nicht mehr Toteninsel, sondern Blumeninsel.

24

BUS C2, C3 ANNIGONI

Süße Hausmannskost in der Pasticceria Nencioni

PASTICCERIA NENCIONI
VIA PIETRAPIANA, 24R
WWW.PASTICCERIANENCIONI.COM
MO-SA 7.30-20 UHR; SO 7.30-13 UHR

Ein paar Torten auf weißer Papierspitze in einem altmodischen Schaufenster, der Eingang schmal, dahinter aber eine große Vitrine mit allen Köstlichkeiten, die eine traditionelle *Pasticceria* in Italien zu bieten hat. Ob schokoglänzende *profiteroli*, Sacherschnittchen oder *torta alla nonna*: Die Auswahl an raffinierten italienischen Kuchen ist groß in der *Pasticceria Nencioni*, alles wird selbst hergestellt im hauseigenen *Laboratorio*.

1950 eröffneten die blutjungen Eheleute Maria Luisa Falai und Vinicio Nencioni in der belebten Via Pietrapana ihr kleines Geschäft. In der Gegend zwischen Piazza dei Ciompi und dem *Mercato Sant'Ambrogio* lebten einfa-

che Leute, für die sie Brot, frische Pasta und schlichte Kuchen im Angebot hatten. Doch bald spezialisierten sie sich ganz auf Süßes. Sie verfeinerten die Rezepte, vergaßen dabei aber nie die Wünsche ihrer Kunden aus der Nachbarschaft nach einfachen Genüssen, süße Hausmannskost gewissermaßen.

Einmal im Jahr aber pilgern Menschen aus der ganzen Stadt hierher für die besonders gute *schiacciata fiorentin*a, die es nur zur Karnevalszeit gibt: ein süßer fluffiger Blechkuchen aus Olivenöl, Schmalz, Zucker, Mehl, Ei, Milch, Orangenschale und Hefe. Mehrmals muss der Teig gehen, am Schluss wird der Kuchen mit Puderzucker bestreut und – ganz wichtig – mit einem Lilienmuster versehen, dem Symbol der Stadt. Eine Spezialität, auf die die Florentiner besonders stolz sind. Bei Wettbewerben unter den Konditoreien der Stadt belegt die *Pasticceria Nencion*i zuverlässig einen der vorderen Plätze. Womöglich liegt es daran, dass die Nencioni sich auch hier an die Tradition halten und nicht mit Füllungen oder exotischen Zutaten experimentieren. Gourmetkritiker bescheinigen ihnen, ihre Version komme dem Original aus dem 19. Jahrhundert am nächsten. Unbedingt probieren!

Wer nicht während der Karnevalszeit in der Stadt weilt, hat jeden Tag pünktlich um 16 Uhr die Möglichkeit, eine traditionelle

Süßspeise zu essen: einen *budino di riso*, einen Milchreispudding, frisch aus dem Ofen. Der Name ist allerdings etwas irreführend, mit einem Dr.-Oetker-Pudding hat er nichts gemein, sondern ist eher ein kleines Törtchen aus buttrigem Teig mit einer Füllung aus cremigem Milchreis. Nicht zu süß und sehr sättigend.

25

BUS 6A, 6B, 14A, 14B SANTISSIMA ANNUNZIATA

Die Findelkinder vom Ospedale degli Innocenti

MUSEO DEGLI INNOCENTI
PIAZZA DELLA SANTISSIMA
ANNUNZIATA, 12
TGL. 10-19 UHR

Eine zerbrochene Münze, ein abgerissener Stofffetzen, ein halber Knopf – solch ärmliche Alltagsgegenstände präsentiert das *Museo degli Innocenti* in 140 kleinen Schubladen und erzählt damit von einer unbekannten Seite der Renaissance: Sie stammen aus dem Depot des *Ospedale degli Innocenti*, des ersten Findelhauses Europas, gegründet 1419 mit dem Geld des Kaufmanns Francesco Datini, der 1000 Goldfiorini für ein Waisenhaus stiftete, »auf dass die kleinen Kinder ernährt werden, gebildet und erzogen«. Nicht wie sonst üblich die Kirche sollte dafür zuständig sein, sondern die Stadt, die die reiche Seidenweberzunft dafür einspannte. Die Zunft beauf-

TIPP

DAS MUSEUMSCAFÉ CAFFÈ DEL VERONE
AUF DEM DACH MIT SPEKTAKULÄRER
AUSSICHT ÜBER FLORENZ

tragte Brunelleschi mit dem Bau eines großzügigen Renaissancegebäudes. 1445 nahm das Waisenhaus den Betrieb auf. Mehrere hunderttausend Kinder wurden im Verlauf der Jahrhunderte hier aufgenommen: Kinder von Dienstboten, armen Bauern oder unehelichen Müttern, Kinder, die niemand haben wollte oder konnte.

Das Prozedere war streng geregelt: Wurde ein Kind abgegeben, ob tags oder nachts, kümmerte sich sofort eine Amme darum, registrierte Aufnahmezeitpunkt, Geschlecht, Kleidung und besondere Merkmale auf einer Karteikarte, die zusammen mit den Gegenständen, die man bei dem Neugeborenen fand, aufbewahrt wurde. Fast jedes Kind hatte etwas dabei, die Hälfte einer Münze, eines Knopfs oder einer Kette, ein Kreuz, einen Zettel oder ein Stück Stoff – wichtige Erkennungszeichen für den Fall, dass die Eltern das Kind später doch selbst versorgen konnten. Unter Vorlage der passenden Hälfte konnten sie es dann wieder mitnehmen.

Zwei Jahre lang wurden die Kinder aufs Land gegeben zu Ammen, die fest beim Waisenhaus angestellt waren. Doch viele Babys starben früh, auch weil die Kindersterblichkeit generell hoch war. Wer die Zeit auf dem Land überstand, kam zurück ins Findelhaus und wurde dort im Malen und Singen unterrichtet. Manche lernten lesen und schreiben und durften bei der Buchführung helfen. Mit sieben schickte man die Jungen zu Florentiner Handwerkern oder zu Bauern aufs Land, die Mädchen wurden mit 12 oder 13 Jahren als Mägde in Bürgerhaushalten angestellt. Manche hatten Glück und wurden adoptiert, vor allem Jungen, die sich als gute Arbeitskräfte bewährten. Einige Mädchen heirateten und bekamen sogar eine Mitgift vom *Ospedale*.

Die Fassade des Gebäudes schmücken besondere Kunstwerke: Zehn glasierte Terrakottafiguren, die Wickelkinder darstellen, 1487 von der Seidenweberzunft bei Andrea della Robbia in Auftrag gegeben. Die Figuren erinnern auf den ersten Blick an die lustigen Putten des Barock. Doch della Robbias *Bambini* haben ernste, manchmal traurige Gesichter, jedes ist individuell gestaltet und hat seine eigene Würde. Eines steht auf stämmigen Kinderbeinen und symbolisiert so, dass das Waisenhaus die Findelkinder dazu befähigt, auf eigenen Beinen zu stehen. Die *Bambini* gehören zu della Robbias innigsten Werken – vielleicht, weil er selbst früh Waise wurde.

Das Gebäude birgt das sehenswerte Museum mit drei Rundgängen – zur Geschichte des Findelhauses, zur Architektur und zu den Kunstwerken, die reiche Gönner dem *Ospedale* im Laufe der Jahrhunderte spendeten. Im obersten Stockwerk bietet eine Dachterrasse mit Cafeteria einen spektakulären Blick auf Stadt und Dom.

26

BUS 6A, 6B, 14A, 14B SANTISSIMA ANNUNZIATA

Der ideale Renaissanceplatz

PIAZZA DELLA SANTISSIMA ANNUNZIATA

Mit ihren harmonischen Proportionen und luftigen Säulenhallen wirkt die Piazza della Santissima Annunziata, als sei sie dem Lehrbuch des Renaissance-Architekturtheoretikers Leon Battista Alberti entsprungen. Doch was wie aus einem Guss wirkt, entstand in Wirklichkeit über einen Zeitraum von fast 200 Jahren und verdankt sich der Tatsache, dass die Architekten in je besonderer Weise auf die schon vorhandenen Gebäude Bezug nahmen.

Den Hauptakzent setzt ein ungewöhnlicher Bau der städtischen Sozialfürsorge: das Findelhaus, das *Ospedale degli Innocenti* (siehe Lieblingsort Nr. 25). Im Einvernehmen mit seinen Auftraggebern, der Seidenweberzunft,

TIPP

HAUSMANNSKOST IN DER KLEINEN TRATTORIA ACQUACOTTA
VIA DEI PILASTRI, 51R
TEL. +39 055 242 907
DI-SO 12-14.30 UHR, 19-22.30 UHR

entwarf Brunelleschi einen repräsentativen Bau – ausgerechnet für die *gettati*, die Weggeworfenen: Kinder, die sonst keiner haben wollte. Brunelleschi, der damals gerade den Auftrag für die Domkuppel erhalten hatte, aber noch keine nennenswerten Erfahrungen vorweisen konnte, schuf hier einen in vielerlei Hinsicht innovativen Bau. Hell und großzügig im Inneren (wie man beim Besuch des Museums sehen kann), präsentiert er zum Platz hin einen antiken Säulengang aus lichten Bögen auf schlanken Sandsteinsäulen mit korinthischen Kapitälen. Wie bei einem griechischen Tempel führen mehrere Stufen über die gesamte Länge zur Säulenhalle hinauf. Vorbild war die *Loggia dei Lanzi*, die elegante Bühne der Stadtoberen, die dort ausländische Staatsgäste und Würdenträger empfingen. Das trug einerseits dem Repräsentationsbedürfnis der Betreiber, der Seidenweberzunft, Rechnung. Andererseits symbolisierte der Bau auch etwas ganz Neues: die Versorgung der Findelkinder als Aufgabe der städtischen Gemeinschaft (und nicht der Kirche) sowie das Recht dieser Kinder auf Teilhabe am öffentlichen Leben. Auch das hatte Brunelleschi geplant: Von Anfang an war die Loggia des Findelhauses – anders als ihr Vorbild – nicht als isolierter Bau konzipiert, sondern als Teil einer Platzanlage, deren andere

Gebäude noch gar nicht existierten. Und in der Tat orientierten sich alle Architekten der später entstandenen Gebäude an dieser Säulenhalle und realisierten eine Piazza nach Brunelleschis Entwurf: 1516 bis 1525 schuf Antonio da Sangallo d. Ä. für das Kloster der *Servi di Maria* gegenüber einen spiegelbildlichen Säulengang, 1599–1601 erweiterte Giovanni Caccini die Arkadenhalle vor der alten Kirche *Santissima Annunziata* so, dass ein stimmiges Ensemble entstand: eine Piazza mit symmetrischen Längsachsen und harmonischen Proportionen, auf drei Seiten Loggien, in hellen, aufeinander abgestimmten Farben – genau wie sich der einflussreiche Alberti den idealen Renaissanceplatz als Ausdruck des Gemeinwesens vorgestellt hatte.

Der Platz stellt ein Gesamtkunstwerk dar, an dem fast 200 Jahre lang mehrere Architektengenerationen mitgewirkt haben, eine noch heute beispielhafte Feier des öffentlichen Raumes – und eine Hommage an Brunelleschi. Denn von der Piazza durch die Via dei Servi gibt eine Sichtachse den Blick frei auf den Dom, das repräsentativste Gebäude der Stadt. Auch dass dabei seine Kuppel besonders eindrucksvoll zu sehen ist, hatte Brunelleschi geplant – noch ehe klar war, ob die Konstruktion gelingen würde.

27

U. A. BUS C1, 6, 7, 11, 14, 17, 23 PIAZZA DI ODER MUSEO DI SAN MARCO

Das Kloster San Marco und das Gold der Medici

MUSEO DI SAN MARCO
PIAZZA SAN MARCO, 3
WWW.POLOMUSEALETOSCANA.BENICULTURALI.IT/INDEX.PHP?IT/190/MUSEO-DI-SAN-MARCO-FIRENZE
MO-FR 8.15-13.50 UHR;
SA-SO 8.15-16.50 UHR; JEDEN 1., 3. UND 5. SONNTAG UND JEDEN 2. UND 4. MONTAG DES MONATS GESCHLOSSEN; 25. DEZEMBER UND 1. JANUAR GESCHLOSSEN
EINTRITT: 4 EURO

TIPP

BELIEBT BEI DEN ANGEHÖRIGEN DER NAHEN UNIVERSITÄT: RISTORANTE LO SKIPPER
VIA DEGLI ALFANI, 78R
RISTORANTESKIPPER.FIRENZE.IT

Wenn Manager sich vom Stress erholen wollen, gehen sie heute gern ins Kloster. Cosimo de' Medici (der Ältere) kaufte damals gleich ein ganzes Kloster, in das er sich jederzeit zurückziehen konnte. Als er 1436 Papst Eugen IV. seine Sorge klagte, dass er sein Geld mit »nicht ganz sauberen Geschäften« verdient habe, wusste der Heilige Vater Rat: Für sein Seelenheil genüge eine Spende von 10 000 Goldfiorini zum Wiederaufbau des maroden Klosters *San Marco*.

Cosimo engagierte seinen Hausarchitekten Michelozzo, der das heruntergekommene Gebäude in ein Schmuckstück der Renaissance-Architektur verwandelte. Die Ausmalung des Klosters

besorgten der Dominikanerbruder Fra Angelico (um 1387–1455) und seine Werkstatt. Gleich über dem Treppenaufgang hängt Angelicos berühmte *Verkündigung*. Die kargen Zellen schmückte er mit mattfarbigen Szenen aus dem Leben Christi; die Novizen wurden mit Sujets des heiligen Dominikus auf ihr künftiges Klosterdasein eingestimmt. Die geräumige zweistöckige Doppelzelle für den Stifter dagegen malten Fra Angelico und sein Lehrling Benozzo Gozzoli deutlich prächtiger mit dem Lieblingssujet der Medici aus, der Anbetung der Heiligen Drei Könige. Wenn Cosimo sich hierher zurückzog, konnte er übrigens auch sich selbst bewundern: Er ist der Magier mit rotem Hut und astronomischen Instrumenten.

Aber nicht nur dort taucht der Stifter auf. Auch auf zahlreichen Gemälden für *San Marco* (heute im dortigen Museum) sind die Medici auf vielfältige Weise präsent: Von der Darstellung ihrer Namensheiligen bis zum Medici-Emblem, den goldenen Kugeln auf rotem Grund, verweist alles auf die berühmte Familie. Auffällig die in der Renaissancemalerei nicht mehr gebräuchliche verschwenderische Verwendung von Blattgold, beispielsweise im berühmten Altarbild *Thronende*

Madonna. Biograf Vasari behauptet, der für seine Frömmigkeit bekannte Fra Angelico habe das Gold nur zum Ruhm Gottes eingesetzt. Moderne Kunsthistoriker hingegen sehen darin eher eine Anspielung auf den sagenhaften Reichtum des Stifters. Am Ende bezahlte Cosimo statt 10 000 mehr als 85 000 Goldfiorini, sorgfältig vermerkt in seinem Rechnungsbuch in der Sparte »Gottes Konto«. Gefragt, ob sich die hohen Ausgaben gelohnt hätten, soll er geantwortet haben: »Niemals habe ich Gott einen Grosso gegeben, ohne dass er mir einen Fiorino zurückerstattet hätte.« Kein schlechtes Geschäft: Ein Grosso war nur Kleingeld, der Fiorino eine wertvolle Goldmünze. Für sein Seelenheil hat sich die Investition gelohnt: Schon zu Lebzeiten gewährte ihm Papst Eugen IV. für seine Verdienste um San Marco einen Generalablass, die Absolution aller Sünden. Den Wortlaut der päpstlichen Bulle ließ Cosimo gut sichtbar über seine Zelle einmeißeln.

Doch wie so oft hielt die Geschichte auch hier eine Volte bereit: Cosimos Enkel Lorenzo holte 1491 Girolamo Savonarola als Prior nach San Marco, der von hier aus gegen die Reichen predigte, eine Art Gottesstaat mit strengen Regeln gründete und 1494 für die Vertreibung der Medici aus Florenz sorgte. Doch auch Savonarola war schon bald Geschichte: Am 23. Mai 1498 wurde er auf der Piazza della Signoria verbrannt. In seinem ehemaligen Kloster erinnert an ihn eine kleine Gedenkstätte.

Santa Trinita und Santa Maria Novella

28

BUS C2 PORTA ROSSA, C4 PONTE VECCHIO

Zwei Hochzeiten und ein Todesfall: die Türme der Buondelmonti

DIE TÜRME BEFINDEN SICH IN DER VIA DELLE TERME, 13R UND AN DER ECKE BORGO SANTI APOSTOLI / CHIASSO DELLE MISURE. (HEUTE TORRE D.ACCIAOLI)
DANTEPLAKETTE BORGO SANTI APOSTOLI GEGENÜBER DER NR. 6

TIPP

ALLES AUS OLIVENÖL IN LA BOTTEGA DELL'OLIO AN DER KLEINEN PIAZZA DEL LIMBO, 4R (BORGO SANTI APOSTOLI)
WWW.LABOTTEGADELLOLIOFIRENZE.IT

In der Gegend am Arno haben sich noch einige Gebäude aus dem Mittelalter erhalten wie beispielsweise die Wehrtürme an der Via delle Terme und an der Ecke zum Borgo Santi Apostoli, beide einst Teil eines größeren Anwesens der Buondelmonti, einer alten florentinischen Adelsfamilie. Sie spielte – folgt man Giovanni Villani und seinem Zeitgenossen Dante – eine besonders tragische Rolle in der Geschichte der Stadt.

Alles begann mit einer Prügelei bei einer Hochzeit, bei der ein eingeladener Buondelmonti einen Gefolgsmann der mächtigen Familien Uberti und Amadei schwer verletzt hatte. Nur durch eine Heirat des ruchlosen An-

greifers mit der Tochter Amadeis könne das wiedergutgemacht werden, forderte Signor Uberti, damals der heimliche Herrscher der Stadt. Buondelmonti willigte ein, doch erschien am Tag der Hochzeit am 11. Februar 1216 einfach nicht und hielt stattdessen am selben Tag um die Hand der schönen Isabella Donati an. Eine noch größere Provokation, die ein Verbündeter Ubertis mit einem berühmten Ausspruch kommentierte: »*Cosa fatta capo ha*«, sinngemäß »Was geschehen ist, ist geschehen« und – so ist das zu ergänzen – muss gesühnt werden. Am Tag seiner Hochzeit mit Isabella lauerten Amadei- und Uberti-Anhänger dem stolzen Bräutigam auf dem *Ponte Vecchio* auf und prügelten ihn zu Tode. Die Ehre der verschmähten Amadei-Braut und ihrer Familie war zwar wiederhergestellt, aber an diesem Tag – so Villani – »zerfiel die Stadt in die zwei Parteien der Guelfen und der Ghibellinen«.

Verbürgt ist diese Geschichte nicht, verbürgt aber ist, dass über ein Jahrhundert lang die Bürger der Stadt in diese beiden Parteien zerfielen, die sich aufs Blut bekämpften. Dabei ging es möglicherweise auch um Ehre und nicht gehaltene Eheversprechen – Allianzen durch Heirat waren wichtige machtpolitische Faktoren –, aber im Hintergrund standen knallharte wirtschaftliche Interessen. Auf der Seite der

Guelfen Patrizier, Großkaufleute, Fabrikanten und Bankiers – Neureiche und Emporkömmlinge in den Augen der Ghibellinen, zu denen die alten, stolzen Adelsfamilien aus dem Umland wie die Uberti gehörten, die an tradierten Rittertugenden und Hierarchien festhielten. Von ihrer Herkunft her zählten auch die Buondelmonti dazu. Aber ihre Nachfahren waren in der Realität wohl weniger streitsüchtig und weniger arrogant als der Buondelmonti in der Erzählung. Im Gegenteil, sie passten sich an die Zeitläufte an, änderten sogar ihren Namen, schrieben sich in eine Zunft ein und wurden überzeugte Guelfen. Erst im 19. Jahrhundert starb die Familie aus. Ihre ehemaligen Gegner aber, die Amadei und Uberti, waren schon sechshundert Jahre früher endgültig aus der Stadt verjagt worden, weil »ihr Stolz sie zu Falle brachte«, wie Dante in der *Göttlichen Komödie* schreibt.

29

BUS 6, 11 VIGNA NUOVA, C3, C4 COVERELLI

Schuhe! Schuhe! Schuhe! Das Museo Ferragamo

Dass High Heels schön anzuschauen, aber unbequem sind, nehmen viele Schuhdesigner und noch mehr Frauen wie ein Naturgesetz in Kauf. Nicht so Salvatore Ferragamo. Schon als Knabe, elftes von vierzehn Kindern einer armen Bauernfamilie aus dem Hinterland Neapels, kannte er nur eine Leidenschaft: Schuhe. Mit neun fabrizierte er das erste Paar für seine Schwester zur Kommunion, früh begann er eine Lehre, da war nicht viel Zeit für die Schule. Als ihn ältere Brüder nach Amerika holten, fasste er bald in der Filmindustrie Fuß und stattete große Filme mit Schuhwerk aus. Doch das genügte ihm nicht. Neben seiner Arbeit belegte er Kurse an der

MUSEO FERRAGAMO
PALAZZO SPINI FERONI,
PIAZZA DI SANTA TRINITA, 5
WWW.FERRAGAMO.COM/MUSEO/IT/ITA
TGL. 10-19.30 UHR; 1. JAN., 1. MAI,
15. AUG. UND 25. DEZ. GESCHLOSSEN
EINTRITT: 8 EURO

Universität über die Anatomie des menschlichen Fußes, beschäftigte sich mit dem menschlichen Gang und stellte selbst Berechnungen an. Die Füße tragen das ganze Gewicht eines Menschen. Wie kann man dies – auch mit hohen Schuhen – so verteilen, dass nicht das gesamte Gewicht auf den Zehen landet? Ferragamos geniale Idee: eine Stahlfeder, die den Bogen zwischen der vorderen Sohle und dem Absatz stützt und so das Gewicht gleichmäßiger verteilt.
Mit dieser Erkenntnis ging er in die Heimat zurück. 1927 ließ er sich in Florenz nieder, nicht nur, weil hier die besten Handwerker lebten, sondern auch, weil er sich Inspiration von den großen Kunstwerken der Stadt versprach. Dabei tüftelte und experimentierte er unentwegt weiter mit ungewöhnlichen Materialien wie Seide, Pelz oder Federn, nutzte aber auch Paketband, Baumrinde und Kork, aus dem er den ersten Schuh mit Keilabsatz schuf. Eine seiner schönsten Kreationen und immer noch hochmodern ist seine »unsichtbare Sandale« mit dünnen Nylonschnüren aus dem Jahr 1947. Wie alle seine Entwürfe sehr kleidsam und dabei verhältnismäßig bequem. Das schätzten auch die Hollywood-Diven, die ihm in Florenz die Bude einrannten: Marlene Dietrich und Greta Garbo waren treue Stammkundinnen, Marilyn Monroe orderte

ihre elf Zentimeter hohen Pumps gleich im Dutzend. Audrey Hepburn ließ sich ihre speziellen Ballerinas nur vom Meister persönlich anpassen.

Schon 1938 konnte der einst bitterarme Schuster aus Neapel den alten *Palazzo Spini Feroni* kaufen, seither der Stammsitz des weltweiten Luxusimperiums Ferragamo. Ein Schuhmuseum erinnert heute mit wechselnden Ausstellungen über Schuhe in Film, Mode und Kunst an den findigen Gründer Salvatore.

Zum Museum gelangt man durch die Verkaufsräume. In das vornehme Geschäft einzutreten, kostet möglicherweise etwas Überwindung. Aber es lohnt sich unbedingt auch für Nicht-Schuhfans. Der Palazzo, 1289 für Geri Spini, den Banker des Papstes Bonifatius VIII., gebaut, gehört zu den ältesten und imposantesten Gebäuden der Stadt. In den Zeiten, als die einstigen Besitzer des *Palazzo Spini* noch das Sagen hatten, hätte Salvatore Ferragamo als Nichtflorentiner noch nicht einmal sein Gewerbe in dieser Stadt ausüben, geschweige denn einen solchen Palazzo besitzen können. Heute gehört die Familie Ferragamo nicht nur zur Florentiner Oberschicht, Firmengründer Salvatore wird auch als jemand gewürdigt, der es an Erfindungsgabe, Forschungsdrang und Mut mit den großen Florentiner Künstlern aufnehmen konnte.

30

BUS 6, 11 VIGNA NUOVA

Schönes Marmorpapier bei Alberto Cozzi

ALBERTO COZZI. ANTICO LABORATORIO ARTIGIANALE
VIA DEL PARIONE, 35R
ANMELDUNG KURSE FÜR MARMORPAPIERHERSTELLUNG:
RICCARDO.LUCI@TISCALI.IT

TIPP

ALLES VINTAGE IM CAFÉ AMBLÉ
IM HINTERHOF AUF DER VERSTECKTEN
PIAZZETTA DEI DEL BENE, 7A
WWW.AMBLE.IT

Feine Florentiner Papierwaren waren schon im 19. Jahrhundert als Mitbringsel beliebt. Vor allem Engländern und Amerikanern gefiel das bis heute als typisch geltende Florentiner Papier mit bunten Lilien, Blumenranken und anderen filigranen Motiven. Papierwaren mit charakteristischen Mustern aus dem 19. Jahrhundert gibt es noch heute überall in Florenz, meist aus industrieller Fertigung. Besonders schöne und besondere Papiere kann man bei Alberto Cozzi in der Via del Parione erhalten.

Das Geschäft betreibt die Familie schon seit vier Generationen im Erdgeschoss des *Palazzo Corsini*. Ein altmodischer Eingang führt in mehrere helle und großzügi-

ge Räume, hinten befindet sich eine Buchbinderei, in der vor allem alte Bücher restauriert werden – unter anderem für die Universitätsbibliothek. Zu kaufen gibt es kleine und große Bücher, Fotoalben, Schächtelchen in allen möglichen Farben und Mustern, dazu Bleistifte und Füllfederhalter. Das alles bekommt man auch anderswo. Hier aber ist die Atmosphäre besonders nett – die Familienmitglieder, inzwischen Urenkel des Gründers Alberto, der die *Cartoleria* Anfang des 20. Jahrhunderts eröffnete, sind ausgesprochen freundlich und kommunikativ (was nicht selbstverständlich ist in Florentiner Läden). Hier erfährt man nicht nur etwas über die Herstellung von schönem Papier, man kann dabei auch zusehen – und es sogar lernen. Verkaufschef und Manager Riccardo Luci bietet – mit Voranmeldung – Kurse an, in denen man in kleinen Gruppen lernt, wie man Marmorpapier herstellt.

Zum Einsatz kommen ausschließlich traditionelle Werkzeuge wie Pinsel, Stäbchen, Kämme – und Körperkraft. Als Erstes wird eine große rechteckige Wanne mit einer speziellen Flüssigkeit (unter anderem aus Algen und Kleister) gefüllt. Dahinein sprenkelt Signor Luci dann mit dem Pinsel verschiedene Farben, ein bisschen Blau hier, ein kräftiges Rot da. Nach dem Zufallsprinzip à la Jackson Pollock, nur vorsichtiger. Da die Farben ein anderes spezifisches Gewicht haben als die Flüssigkeit, schwimmen sie wie Ölflecken obenauf und werden dann mit dem Pinsel zu unterschiedlichen ornamentalen Schlieren verrührt. Anschließend zieht der Meister dünne Linien mit einem feingezackten Kamm. Dann rüttelt er die Wanne mit einigen gezielten kräftigen Bewegungen, sodass aus geraden Linien Muster entstehen. Am Schluss zieht er ein gutes Papier vorsichtig über die Oberfläche und lässt es dann trocknen. Das Resultat: das berühmte Pfauenfedermuster – aber individuell gestaltet.

31

BUS C2 PORTA ROSSA

Eine Liebesgeschichte im Palazzo Davanzati

Ein schönes Geschenk, das Paolo Davizzi seiner Braut Lisa degli Alberti machte: ein eigenes Schlafzimmer mit kostbaren Möbeln, modernstem Komfort und passender Nachtlektüre: ein gemalter Fries, der auf vier Wänden eine Liebesgeschichte erzählt.

Der Palazzo Davanzati ist einer der wenigen mittelalterlichen Paläste, die nicht der Radikalsanierung des historischen Zentrums im 19. Jahrhundert zum Opfer fielen und heute als Museum besichtigt werden können. Benannt nach der Familie Davanzati, die hier zwischen 1578 und 1838 wohnte, wurde er ab 1330 von den Davizzi erbaut, die ihren Reichtum als Banker der

MUSEO DI PALAZZO DAVANZATI
VIA PORTA ROSSA, 13
WWW.BARGELLOMUSEI.BENICULTURALI.IT
MO-FR. 8.15-13.50 UHR;
SA-SO 13.15-18.50 UHR
EINTRITT: 6 EURO
EXTRA-ANMELDUNG FÜR
BESICHTIGUNG DER KÜCHE:
MN-BAR.MUSEODAVANZATI@
BENICULTURALI.IT

Päpste in Avignon erworben hatten. Das junge Brautpaar muss zu den ersten Bewohnern des Palazzo gehört haben. Obwohl das Mobiliar großenteils nicht original ist, bietet das Museum einen seltenen Einblick in den Lebensstandard einer reichen Familie im Mittelalter. Gegessen und getrunken wurde reichlich, wie man an den Mörsern, Löffeln und Kellen in der Küche sieht. Die befand sich wegen der Feuergefahr im obersten Stockwerk (für dessen Besichtigung man sich extra anmelden muss!). Viel Lauferei für die meist weibliche Dienerschaft, zusätzlich zum Putzen der riesigen Zimmer. Die Herrschaft hatte es besser: Es gab ein gemütliches Studio für den Hausherrn, in jedem Stockwerk große Speisezimmer, dazu einen repräsentativen Festsaal. Auch der jungen Braut fehlte es an nichts, als sie hier einzog: Ihr Schlafzimmer war mit einem eigenen Bad mit freistehender Wanne und Toilette ausgestattet. Künftig würde sie die meiste Zeit im Haus ihres Ehemanns verbringen, die Dienerschaft beaufsichtigen und wie alle Ehefrauen der Florentiner Oberschicht Kinder bekommen. Wie sie sich fühlte, wissen wir nicht, aber was man von ihr erwartete, können wir uns anhand der Geschichte ausmalen, mit der ihr Schlafgemach dekoriert war:

Um die Mitte des 13. Jahrhunderts in Frankreich entstanden,

war die verwickelte und tragische Geschichte des Burgfräuleins von Vergi (die auch gut auf Englisch erklärt wird) in der Toskana sehr beliebt. Beginnend über dem Eingang und im Uhrzeigersinn fortfahrend erzählt sie von der keuschen, aber verbotenen Liebe zwischen dem Burgfräulein und dem Ritter Guglielmo sowie von der Frau seines Herrn, des Herzogs, die ihrerseits den Ritter zu verführen versucht. Als der nicht will, berichtet sie ihrem Mann, sein Vasall habe ihr Gewalt angetan. Der Ritter verteidigt sich, indem er seine heimliche Liebe offenbart. Die Herzogin nimmt Rache, indem sie auf einem Fest die verborgene Liebe enthüllt und so das große Sterben in Gang setzt: Das Burgfräulein sieht sich entehrt und bringt sich um, der Ritter begeht angesichts der sterbenden Geliebten ebenfalls Selbstmord, worauf der Herzog seine Frau tötet und selbst in den sicheren Tod auf einem Kreuzzug zieht. Die düstere Geschichte war wohl nicht nur als gruselige Unterhaltung für die junge Ehefrau gedacht, sondern als Belehrung und Warnung: Um die Erbfolge zu sichern, musste eine Frau keusch und unbedingt loyal gegenüber dem Ehemann und seiner Familie sein. Ob sich Lisa degli Alberti dieser Moral unterwarf, ist aber fraglich. Immerhin war die Erzählung schon 100 Jahre alt und wurde auch von Boccaccio in seinem *Decamerone* verwendet, das ungefähr zeitgleich zum Fresko entstand – dort allerdings als Zitat vergangener Zeiten, an deren Moral sich die Figuren seiner Novellen längst nicht mehr hielten.

32

BUS C3, C4 COVERELLI, 6, 11 VIGNA NUOVA

Lieblingswerke der Moderne in der Collezione Casamonti

COLLEZIONE CASAMONTI
PALAZZO BARTOLINI SALIMBENI,
PIAZZA DI SANTA TRINITA, 1
WWW.COLLEZIONEROBERTOCASAMONTI.
COM
TEL. +39 055 602 030
MI-SO 11.30-19 UHR
NUR MIT RESERVIERUNG (KANN MAN AUCH PER E-MAIL, ABER NUR ZU DEN ÖFFNUNGSZEITEN, VORNEHMEN), KOSTENLOSER EINTRITT

TIPP

INTERESSANTE AUSSTELLUNGEN NEUER UND ALTER KUNST FAST NEBENAN IM PALAZZO STROZZI:

PIAZZA DEGLI STROZZI
WWW.PALAZZOSTROZZI.ORG
TGL. 10-20 UHR; DO 10-23 UHR
EINTRITT: 12 EURO (AUCH IM KOMBITICKET DES MUSEO DELL'OPERA DEL DUOMO ENTHALTEN)

Lange Zeit bot Florenz Fans moderner Kunst wenig. Seit Kurzem aber gibt es gleich zwei einschlägige Ausstellungsorte: das *Museo Novecento* im riesigen Gebäude des früheren Hospitals San Paolo und die *Collezione Casamonti* im *Palazzo Bartolini Salimbeni*. Diese überschaubare, fast intime Ausstellung von Werken, die der erfolgreiche Florentiner Galerist Roberto Casamonti im Laufe sei-

nes fast 80-jährigen Lebens gesammelt hat, ist persönlicher, aber nicht weniger erhellend. Die Sammlung enthält eine konzentrierte und informative Auswahl von Werken italienischer Künstler des 20. Jahrhunderts, ergänzt durch Arbeiten berühmter Vertreter der internationalen Moderne von Kandinsky und Klee über Picasso bis Andy Warhol – lauter Lieblingswerke des Sammlers.

Aus Platzgründen wechselt die Ausstellung jährlich. Ein Jahr lang (2018) war der erste Teil der Sammlung vom Beginn des 20. Jahrhunderts bis zu den 1960er Jahren zu sehen, ab Frühjahr 2019 sind die Werke von den 1960ern bis heute gezeigt. Einige Künstler tauchen in beiden Ausstellungen auf, beispielsweise Lucio Fontana, dem schon 2018 ein ganzer Raum gewidmet war. Den Künstler, der das Tafelbild in Frage stellte, indem er Leinwände perforierte oder mit einem Messer aufschlitzte, hatte Casamonti schon in dessen Anfangszeiten gesammelt, als der noch von der Kritik verrissen wurde. Inzwischen besitzt Casamonti laut New York Times die weltweit größte Fontana-Sammlung. Oft hatte er auch bei anderen eine gute Nase und erstand Werke von Künstlern, bevor diese berühmt wurden, zum Beispiel von Alberto Burri. Fragen, ob die Auswahl repräsentativ ist, ob die Gewichtung stimmt oder

Bedeutendes fehlt, verstummen rasch angesichts der entspannten und freundlichen Atmosphäre, die hier herrscht und der man die Neugier des Sammlers und seine Aufgeschlossenheit gegenüber neuen und manchmal sperrigen Entwicklungen anmerkt.

Besonders interessant ist die Sammlung, wenn man mit der italienischen Kunst des 20. Jahrhunderts nicht so vertraut ist. Dass dabei der Eindruck entsteht, man dürfe einen Blick in die privaten Räume eines erfolgreichen Kunstsammlers werfen, liegt auch an den Dimensionen der Ausstellungsräume im ehemaligen *Piano nobile* des *Palazzo Bartolini Salimbeni*, die herrschaftliche Höhe, aber eben doch eher Wohnungs- als Museumsformat aufweisen. Auch der Palast selbst lohnt einen zweiten Blick: Er gilt als architektonisches Meisterwerk des Renaissancemeisters Baccio d'Agnolo aus den Jahren 1520 bis 1525. Ab Mitte des 19. Jahrhunderts beherbergte hier das *Hotel du Nord* berühmte Gäste wie Herman Melville, später wurde das Gebäude in Appartements aufgeteilt. Heute ist es sehr schön restauriert in edlem Grau mit weißen Sgraffito-Dekorationen im Innenhof. Von der *Collezione Casamonti* aus hat man übrigens einen sehr guten Blick auf einen der schönsten Plätze der Stadt: die dreieckige vornehme Piazza di Santa Trinita.

33

BUS C3, C4 COVERELLI, 6, 11 VIGNA NUOVA

Das Leben der oberen Zehntausend auf Ghirlandaios Fresken in Santa Trinita

BASILICA DI SANTA TRINITA
PIAZZA DI SANTA TRINITA
TGL. 7-12 UHR, 16-19 UHR

TIPP

AUSGEFALLENER SCHMUCK BEI
GATTO BIANCO GIOIELLI
BORGO SANTISSIMI APOSTOLI, 12R
WWW.GATTOBIANCOGIOIELLI.COM

Wäre Francesco Sassetti nicht so starrsinnig gewesen, hätte er die Grabkapelle seiner Familie in der angesehenen Kirche Santa Maria Novella behalten können. Doch er wollte den Raum unbedingt mit Fresken über das Leben seines Namensvetters Franziskus schmücken. Erbost über das Ansinnen, in ihrer Kirche den Heiligen der Konkurrenz zu feiern, lehnten die Dominikaner nicht nur ab, sondern vergaben die Chorkapelle gleich an eine andere Familie, die Tornabuoni, für die Domenico Ghirlandaio die berühmten Fresken schuf. Sassetti musste sich mit einem Grab in der unbedeutenderen Kirche *Santa Trinita* begnügen. Pech für ihn, Glück für uns. Denn auch er

beauftragte Ghirlandaio, der dort einen ebenso bedeutenden Freskenzyklus wie in *Santa Maria Novella* schuf – nur lange nicht so bekannt und deshalb weniger überlaufen.

Francesco Sassetti (1421–1490) stammte aus alter adliger Bankiers- und Kaufmanns-Familie und war seit seiner Jugend eng mit dem damals mächtigsten Clan, den Medici, verbunden. Cosimo der Ältere hatte ihn als Geschäftsführer einer Medici-Filiale nach Frankreich gesandt, dessen Enkel Lorenzo ernannte ihn sogar 1469 zum alleinigen Direktor der Medici-Bank. Das machte ihn zu einem der reichsten Bürger der Stadt. Klar, dass er sich da auch den angesehensten Maler der Stadt leisten konnte. Ghirlandaio, der Maler der oberen Zehntausend, malte 1483–85 Sassettis Kapelle mit Szenen aus dem Leben des heiligen Franziskus aus. Kunstkennern gilt er mehr als Kunsthandwerker denn als Genie; doch wer etwas über den Alltag der führenden Familien am Ende des 15. Jahrhunderts in Florenz erfahren will, für den sind Ghirlandaios Fresken eine Fundgrube. Denn er verlegte das Geschehen in die lebendige Gegenwart. Zu sehen sind beispielsweise die Piazza della Signoria mit Palazzo Vecchio und Loggia dei Lanzi. Eine Szene spielt sogar in der unmittelbaren Nachbarschaft und soll auf einer wahren Begebenheit des 15. Jahrhunderts beruhen: Ein Kind ist aus dem Fenster gestürzt und gerettet worden. Man erkennt den Palazzo Spini links, die Kirche Santa Trinita noch in romanischer Gestalt rechts. Zu den Augenzeugen des Geschehens gehören vorzugsweise wichtige Menschen, die Medici und ihre Verbündeten. Immer dabei: die Sassetti – hier links im Bild Francescos Töchter mit ihren Ehemännern und im Bild darüber (der »Bestätigung der Ordensregel«) rechts der kahlköpfige Auftraggeber mit seinem Sohn neben seinem Freund Lorenzo il Magnifico. Dessen Söhne steigen hinter ihrem Erzieher Angelo Poliziano die Treppe hinauf: Giuliano, Piero und Giovanni, der später Papst Leo X. werden sollte. Auch der heilige Franziskus taucht auf, aber er verblasst neben den riesengroßen Porträts des Stifters und seiner Ehefrau rechts und links vom Altar. Zwar bilden lauter Stationen des Lebens des Heiligen das Sujet der Bilder, aber viel wichtiger scheint etwas anderes zu sein: Francesco Sassetti und die Seinen inmitten der Mächtigen von Florenz.

34

BUS C3, C4 COVERELLI

Brückenkunst: Ponte Santa Trinita

PONTE SANTA TRINITA

TIPP

NUR EINEN KATZENSPRUNG ÜBER DEN ARNO: DAS SYMPATHISCHE CAFFÈ DEGLI ARTIGIANI VIA DELLO SPRONE, 16R TGL. 8-1 UHR

Der *Ponte Vecchio* ist zwar die älteste und bekannteste Brücke der Stadt, die schönste aber ist – jedenfalls für viele Florentiner – der benachbarte *Ponte Santa Trinita*. Das interessierte die deutschen Truppen bei ihrem Abzug im Zweiten Weltkrieg allerdings wenig. Nur den *Ponte Vecchio* ließen sie aus Pietät stehen, alle anderen Arno-Übergänge zerstörten sie.

Nach dem Krieg begann sogleich eine Diskussion unter den Bürgern über den Wiederaufbau der geliebten Trinita-Brücke, über die die amerikanische Schriftstellerin Mary McCarthy einen gut informierten und sehr amüsanten Bericht verfasste. Rasch einigte man sich darauf, sie originalgetreu wieder aufzubauen. Das Denkmalschutzamt besorgte alte Fotos und die Skizzen und Pläne des Baumeisters Bartolomeo Ammannati, der die Brücke im Auftrag des Herzogs Cosimo I. zwischen 1567 und 1571 erbaut hatte. Doch dann standen die Restaurateure vor einem Problem: Nirgendwo gab es geometrische Berechnungen für die eleganten, ungewöhnlich flachen Bögen der Brücke. Alles wirkte meisterhaft wie mit freier Hand hingeworfen. Doch das traute keiner der Experten Ammannati zu. Von ihm stammt der nicht sehr geglückte Neptunbrunnen auf der Piazza della Signoria, über den schon seine Zeitgenossen gelästert hatten: *Ammannato, Ammannato che bel marmo hai rovinato* – »Ammannato, was für einen schönen Marmor hast du ruiniert«. Schnell machten Gerüchte die Runde, der Baumeister habe bei seinem großen Konkurrenten Michelangelo geklaut. Ähnelten die Brücken-Bögen nicht auf verblüffende Weise den Bögen der Medici-Kapellen in *San Lorenzo* und dem geschwungenen Treppenaufgang der *Biblioteca Laurenziana*, beides Werke des großen Meisters? Es gab sogar Stimmen, Michelangelo selbst habe die Trinita-Brücke entworfen. Restlos geklärt ist bis heute nicht, auf wessen Ideen die eleganten Bögen beruhen.

Bei der Restaurierung der Brücke scheute man keinen Aufwand: Die zersprengten Originalbausteine, die man im Arno fand, wurden sorgfältig gereinigt und wieder zusammengesetzt. Ergänzt wurden sie durch *Pietraforte*-Steine, die wie beim Bau der alten Brücke aus Steinbrüchen der Boboli-Gärten stammten. Der längst stillgelegte Steinbruch wurde extra wieder in Betrieb genommen. Bearbeitet wurden sie mit den zeitaufwändigen alten Verfahren. Fast dreizehn Jahre dauerte es, bis die Brücke 1958 wieder stand. Zum Schluss gab es allerdings noch einmal einen Wermutstropfen: Zur Brücke gehörten seit 1608 vier monumentale Figuren, Symbole der vier Jahreszeiten. Drei der Statuen hatte man unversehrt im Arno gefunden, aber ausgerechnet der *Primavera* fehlte der Kopf. Zum Glück und zur Freude der Florentiner tauchte das fehlende Teil schließlich 1961 bei Brückenarbeiten am benachbarten *Ponte Vecchio* wieder auf.

35

BUS 6, 11 VIGNA NUOVA

Das Viertel der Rucellai

PALAZZO RUCELLAI
VIA DELLA VIGNA NUOVA, 18
LOGGIA RUCELLAI
PIAZZA DE' RUCELLAI, 8R

TIPP

SCHÖNSTE RENAISSANCEKUNST EN MINIATURE: ALBERTIS GRABKAPELLE FÜR GIOVANNI RUCELLAI, DIE ERST SEIT KURZEM WIEDER IN DER PANCRAZIO-KAPELLE DES MUSEO MARINI BESICHTIGT WERDEN KANN.
MUSEO MARINI
PIAZZA DI SAN PANCRAZIO
WWW.MUSEOMARINOMARINI.IT

Zwar gehörte Giovanni di Paolo Rucellai (1403–1481) zu den reichsten Männern Europas, in seiner Heimatstadt nützte ihm das allerdings wenig. Als Schwiegersohn von Palla Strozzi, dem großen Gegenspieler der Medici, war er politisch kaltgestellt. Keiner aus der Strozzi-Verwandtschaft durfte ein öffentliches Amt bekleiden. Das wurmte den ehrgeizigen Überseekaufmann. Mit allen Mitteln versuchte er, sich Respekt bei seinen Mitbürgern und vor allem bei den Medici zu verschaffen. Bauten diese einen neuen Palast, machte Rucellai es ihnen sofort nach. Obwohl die Bauarbeiten später begannen, war der Rucellai-Palast zwei Jahre eher fertig als der Me-

dici-Bau. Doch das beeindruckte die Medici ebenso wenig wie die elegante Fassade, die der aufstrebende Architekturstar Leon Battista Alberti entworfen hatte. Heute gilt das Gebäude als schönster Renaissance-Palazzo von Florenz und ist immer noch in Familienbesitz.

Seinen größten Erfolg feierte Rucellai dann nicht auf dem Gebiet der Bau-, sondern der Verhandlungskunst: Ihm gelang es, seinen Sohn Bernardo mit Nannina de' Medici, Lorenzos Schwester, zu verheiraten. Klar, dass der Vater des Bräutigams die bevorstehende Hochzeit 1466 wie einen Staatsakt vorbereitete. Extra für die Feierlichkeiten ließ Rucellai eine imposante Loggia bauen, auch wieder von Alberti entworfen. Doch nicht genug mit diesem in Stein gemeißelten Beweis des neuen Bündnisses. Überall ließ er die Embleme der Medici-Dynastie anbringen: die drei Federn Cosimo des Älteren, den Diamantring plus zwei Federn von Piero de' Medici, und die drei ineinander verschlungenen Ringe von Lorenzo, dem Prächtigen. Sogar auf seinem Grabmal verblasst fast sein eigenes Zeichen, das Fortuna-Segel, neben den drei Medici-Emblemen, die viel mehr Platz einnehmen. Seit der Hochzeit seines Sohnes mit einer Medici war Giovanni Rucellai auch politisch wieder obenauf oder, wie er selbst einmal sagte, »zu den Medici in ihres Glückes Schiff gestiegen«. Auch Sohn Bernardo profitierte von der neuen Anerkennung. Fortan gehörte er zum elitären Kreis um Lorenzo de' Medici und begründete selbst einen literarisch-philosophischen Zirkel. Seine Ehefrau Nannina hingegen beklagte sich dreizehn Jahre nach der Heirat: »Wenn man nach eigenen Vorstellungen leben will, darf man nicht als Frau geboren werden.«

36

ALLE BUSLINIEN BIS STAZIONE FERROVIA SANTA MARIA NOVELLA (FIRENZE S. M. N.),
BUS 11 PIAZZA SANTA MARIA NOVELLA

Fortuna an der Fassade von Santa Maria Novella

SANTA MARIA NOVELLA
PIAZZA DI SANTA MARIA NOVELLA
WWW.SMN.IT
APRIL-SEPT.: MO-DO 9-19 UHR; FR 11-19 UHR; SA 9-17.30 UHR (IM JULI UND AUGUST BIS 18.30 UHR); SO 12 (APRIL-JUNI: 13)-17.30 UHR (IM JULI UND AUGUST BIS 18.30 UHR); OKT.-MÄRZ: MO-DO 9-17.30; FR. 11-17.30 UHR; SA 9-17.30 UHR; SO 13-17.30 UHR
EINTRITT: 7,50 EURO

TIPP

SEIFEN UND PARFÜMS AUS DER OFFICINA PROFUMO-FARMACEUTICA DI SANTA MARIA NOVELLA
VIA DELLA SCALA, 16
WWW.SMNOVELLA.COM
TGL. 9-20 UHR

So harmonisch, filigran und heiter ist keine andere Kirchenfassade in Florenz wie die von *Santa Maria Novella*. Sie gilt als Meisterwerk Leon Battista Albertis (1404–1472). Die Herausforderung in diesem Fall bestand darin, auf die gotischen Proportionen der um 1300 erbauten Dominikanerkirche Rücksicht nehmen zu müssen und doch etwas ganz Neues, Eigenständiges zu gestalten. So schmückte er die Front der alten Kirche mit geometrischen Mustern aller Art: Kreisen, Quadraten, Recht- und Dreiecken, Halbbögen, Pilastern, Säulen und Pfeilern auf weißem Marmorgrund. Die größte Schwierigkeit, das unproportionierte Verhältnis von hohem

Mittelschiff und niedrigen Seitenschiffen, bewältigte er mit einer genialen Erfindung: den seitlichen geschwungenen Voluten, deren zierlich-feine Dekorationen der Fassade ihre beschwingte Zartheit verleihen.

Ein besonders interessantes Detail stellt ein schmales dekoratives Band über dem unteren Geschoss dar: ein Fries, über den weiße, vom Wind geblähte Segel jagen, Symbol der antiken heidnischen Glücks- und Schicksalsgöttin Fortuna: ungewöhnlich für eine christliche Kirche und ungewöhnlich für eine Stadt, die nicht am Meer liegt. Für die meisten Interpreten weist das Segel auf den Stifter Giovanni Rucellai hin, der sein Vermögen mit Überseehandel gemacht hatte (sein lateinischer Name ziert in riesengroßen Lettern die Fassade). Doch der Kunsthistoriker Aby Warburg vermutete in der auffälligen Dekoration mehr als ein privates Emblem: Fortuna – so Warburg – sei zwar heidnischen Ursprungs, verkörpere aber in idealer Weise die Mentalität des neuen Renaissancemenschen. Zwar war der Alltag weiterhin vom christlichen Glauben geprägt, doch längst waren die Menschen zu neuen Ufern und neuen Freiheiten aufgebrochen. »Wie Seeleute inmitten stürmischen Geschehens und felsiger Umstände«, schrieb Alberti, »müssen wir vorsichtige Argonauten sein. Je nachdem, wie es die Zeiten gebieten, müssen wir die Segel anders setzen und mit Würde Zuflucht suchen oder einen sicheren Kurs durch die Wogen einschlagen.«

Für Alberti war nicht mehr Gottvertrauen das wichtigste Gut, sondern die »Kraft des eigenen Geistes«. So weist Fortunas Segel an der Fassade von *Santa Maria Novella* auf eine grundlegende Veränderung hin, die sich in der Renaissance vollzogen hat. Das Segel symbolisiert hier keine Schicksalsmacht von oben, sondern den Menschen, der sein Schicksal selber in die Hand nimmt und sich klug auf die Wechselfälle des Lebens einstellt. Zwar findet dieses Leben noch immer unter dem Dach der Kirche statt – hier unter dem einer Dominikanerkirche, deren Symbol, die Sonne, noch immer hoch oben über allem im Giebel der Fassade thront. Doch spielen deren Maximen im Alltag der Menschen nun nicht länger die alles beherrschende Rolle.

37

TRAM T1 PORTA AL PRATO - PARCO DELLA MUSICA

Avantgardistische Architektur und Musik

TEATRO DEL MAGGIO MUSICALE FIORENTINO
PIAZZA VITTORIO GUI, 1
WWW.MAGGIOFIORENTINO.COM

TIPP

TAXIFAHREN OHNE DRÄNGELEI NACH DER VORSTELLUNG: EIN ANGESTELLTER VERTEILT NUMMERN, DIE DANN AUFGERUFEN WERDEN, Z. B. TAXI FIRENZE 4390.

Liebhabern moderner Architektur bietet Florenz seit einigen Jahren ein preisgekröntes Gebäude: Das *Teatro del Maggio Musicale Fiorentino*, das 2011 eröffnet und 2014 mit dem *Premio Nazionale* für den besten italienischen Neubau der letzten fünf Jahre ausgezeichnet wurde. Es liegt im architektonischen Niemandsland zwischen Stadtzentrum und dem *Parco delle Cascine*, soll aber künftig zusammen mit dem neuen Kulturzentrum des ehemaligen Bahnhofs Leopolda in der Nähe einen neuen Anziehungspunkt in der Topographie der Stadt bilden. Wir sehen ein verschachteltes Ensemble schräg ansteigender Rampen, Treppen und Terrassen mit

einem imposanten Turm, davor ein monumentaler Würfel fast ohne Fenster. Das neue Konzert-, Oper- und Theaterzentrum wirkt auf den ersten Blick wie ein futuristisches Kongresszentrum oder eine Forschungseinrichtung. Architekt Paolo Desideri und sein römisches Büro ABDR haben hier eine Opernbühne für 1800 Leute, ein Auditorium für bis zu 1000 Zuhörer und ein Amphitheater für sogar 2000 Besucher gestaltet.

Der etwas merkwürdige Name des Gebäudes geht auf das älteste Festival klassischer Musik in Italien zurück, wie man stolz betont. Seit 1933 findet es in Florenz von Ende April bis Anfang Juli statt – in Anlehnung an die Frühlingsfeiern, die schon im Mittelalter in Florenz gefeiert wurden. Später inszenierten die Medici aufwändige Spektakel, mit denen sie viel Anklang beim Volk fanden. Dies war auch das Ziel der faschistischen Kulturpolitiker, die mit einem solchen Festival zeigen wollten, dass in der Kulturstadt Florenz weiterhin Musik und Theater ungestört gefeiert werden konnten. Bei der Eröffnung war Mussolinis Schwiegersohn, Minister Ciano, anwesend; der Diktator selbst hatte sogar 100 000 Lire gespendet und besuchte das Festival 1938 zusammen mit Hitler als Höhepunkt von dessen triumphaler Florenz-Visite.

Über die faschistischen Ursprünge des modernen *Maggio Musicale* freilich hüllen sich die meisten offiziellen Verlautbarungen in Schweigen und schildern lieber die Neuanfänge nach dem Krieg – mit Bühnenbildern beispielsweise von de Chirico und Uraufführungen von Werken Hindemiths oder Strawinskys. Aufführungsorte waren das *Teatro Comunale* oder das kleine *Teatro della Pergola* – beide mit unmöglicher Akustik, wie der langjährige Chefdirigent Zubin Mehta seit 1962 bemängelte. 2011 dirigierte er als Gast das Eröffnungskonzert in der neuen Spielstätte und war begeistert. Alles ist hier auf die Akustik ausgerichtet: Das Auditorium ist ganz mit Holz verblendet, und der große Saal besitzt eine ungewöhnliche Form: Die Sitzreihen steigen steil an und münden ohne richtige Rückwand direkt in die Saaldecke. Und tatsächlich sieht und hört man von allen Plätzen sehr gut. Das Programm ist vielfältig: von traditionellen Verdi-Opern bis zu avantgardistischen Klangexperimenten. Die Opernhäuser in Neapel und Venedig sind natürlich prächtiger und festlicher. Dafür prunkt hier die Bühne mit aufwändiger Technik für Kulissen und Bühnenbilder. Das schönste Schauspiel aber spielt sich in der Pause ab. Vor allem bei Premieren zeigen sich dann die Florentiner *per bene* in ihren elegantesten Roben, was selbst die nüchterne Theatercafeteria in eine strahlende Bühne verwandelt.

Oltrarno: die Viertel jenseits des Arno

38

BUS C3, C4 SANTO SPIRITO

Neues von der Piazza Santo Spirito

POPCAFÉ
PIAZZA SANTO SPIRITO, 18R
MO-FR 8-2 UHR; SA-SO 9-2 UHR

BAR VOLUME
PIAZZA SANTO SPIRITO, 5R
WWW.VOLUME.FI.IT
MO-FR 8-1 UHR (DO-FR BIS 1.30 UHR);
SA 8.30-1.30 UHR; SO 8.30-1 UHR

TAMERÒ
PIAZZA SANTO SPIRITO, 11
TEL. +39 055 282 596
TGL. 12-15 UHR, 19-2 UHR

Immer schon war die Piazza Santo Spirito beliebt – vor allem bei Kunsthandwerkern, Künstlern, Bohemiens, Intellektuellen und Studenten. Denn hier gibt es alles, was einen Platz zum angenehmen Treffpunkt macht: Schatten spendende Bäume, Steinbänke, die zum Verweilen einladen, einen sanft plätschernden Brunnen, einen Kiosk, dazu Bars, Trattorien und einfache Pizzerien, morgens Obst- und Gemüsestände und regelmäßig einen Kunsthandwerk- und Antiquitätenmarkt. Doch spätestens seit der *Lonely Planet* 2017 die ganz Gegend zur coolsten Nachbarschaft der Welt ausgerufen hat, wird der Platz vor allem abends und nachts mehr

und mehr zum Treffpunkt junger Touristen aus aller Welt. Kann man überhaupt noch hierherkommen?

Klar, sagt meine Freundin Rena, die seit 1980 in Florenz lebt, davon die meiste Zeit in *Oltrarno*. Hier kennt die überzeugte Verteidigerin des Viertels alle und jeden. Wer ein Faible für Neues hat, kann auch hier einiges entdecken – am besten tagsüber. An warmen Tagen begleitet im *Pop-Café* die erste Morgensonne Cappuccino und Cornetto. An kühleren Tagen empfiehlt sich die Bar *Volume* als Frühstücksort. Die Teilchen sind gut und die frischen Fruchtsäfte hervorragend. Gemütliche Sessel vom Flohmarkt, lange Holztische, eine alte Jukebox in der Ecke und einige Regale mit Büchern. Dazu überall altes Werkzeug und Ausstellungsstücke aus Holz. Denn hier betrieb Familie Filippi seit 1887 eine Schreinerei, die Alfonso Bini 1945 von seinen ehemaligen Chefs übernahm. Er spezialisierte sich nicht nur auf Hutmodelle aus Holz, sondern machte daraus auch ganz eigene – etwas skurrile – Kunstwerke. Dass die Betreiber den Laden »Museum, Bücherei und Café« nennen, ist vielleicht etwas hochgegriffen, aber immerhin wird hier die Erinnerung an ein altes Handwerk und einen eigensinnigen Künstler aufrechterhalten.

Auch das Nudellokal *Tamerò*, das 2012 an der Piazza Santo Spirito eröffnete, lohnt einen Besuch – trotz der eher szenemäßigen Selbstbeschreibung als Pasta-Bar und Lounge mit Cocktailstunde und DJ. Doch mittags ist es sehr okay – Nudeln gibt es von klassisch bis experimentell: Tagliatelle mit Tomaten oder tintenschwarze Tortellini mit Kartoffel-Zitronenfüllung in Oktopussauce, beides sehr gut. Auch die sardischen Gerichte (wie das hauchzarte *Pane carasau*) sind schmackhaft, Küchenchef Gianmarco Desolo stammt aus Sardinien. In jedem Fall lohnt ein Blick ins Innere. Vorbei an der offenen Küche, wo man den stylisch gekleideten Köchen beim Nudelmachen zuschauen kann, gelangt man in einen hohen Raum mit unverputzten Wänden, Heizungs- und Wasserrohren. Doch all das ist keine Dekoration, sondern so belassen wie früher, als hier noch Autos und Vespas in der Werkstatt des Viertels repariert wurden – ein fast schon historischer Ort, der daran erinnert, dass früher auch nicht alles besser war. Denn dass es hier keinen Autoverkehr mehr gibt, macht heute einen Teil des Charmes der Piazza aus.

39

BUS C4 CARMINE

Masaccio revolutioniert die Malerei

CAPPELLA BRANCACCI IN DER CHIESA
SANTA MARIA DEL CARMINE
PIAZZA DEL CARMINE, 14
WWW.MUSEICIVICIFIORENTINI.
COMUNE.FI.IT/BRANCACCI
TGL. 10-17 UHR (AUSSER DIENSTAGS);
SO 13-17 UHR
EINTRITT: MI, DO, FR 6 EURO; SA, SO, MO
(INKL. FONDAZIONE SALVATORE
ROMANO) 7 EURO

TIPP

VON EINHEIMISCHEN FREUNDEN:
BILLIGER MITTAGSTISCH (MENU POPOLARE
FÜR 5 EURO) IM CLUB PARADISO
VIA DELL'ORTO, 24R
MO-SA 12-13 UHR, 19.30-22 UHR

Größer könnte der Gegensatz nicht sein: In Masolinos *Sündenfall* scheinen Adam und Eva zart und überirdisch schön vor dem dunklen Hintergrund des Garten Eden zu schweben. In Masaccios *Vertreibung aus dem Paradies* dagegen hängen Adams Haare wirr herunter, sein Körper ist gekrümmt, Evas Gesicht verzerrt in einem lautlosen Schrei. Der Unterschied liegt nicht am Sujet allein: In der Brancacci-Kapelle in der Kirche *Santa Maria del Carmine* werden wir Zeugen eines aufregenden Epochenumbruchs in der Malerei.
1425 hatte der reiche Seidenhändler Brancacci Masolino mit der Ausmalung einer Kapelle in *Santa Maria del Carmine* beauf-

tragt. Schon nach kurzer Zeit zog Masolino den 18 Jahre jüngeren Masaccio hinzu. In einem Monat malte dieser sein großes Fresko *Der Zinsgroschen* – und danach war in der italienischen Malerei nichts mehr wie vorher. Schon das Thema ist ungewöhnlich. Dargestellt ist, wie Jesus und seine Jünger von römischen Beamten aufgefordert werden, Steuern zu zahlen, und Jesus Petrus anweist, aus dem Maul eines Fisches ein Goldstück zu ziehen, mit dem er den geforderten Tribut bezahlen kann. Hintergrund, so die meisten Kunsthistoriker, war die Einführung eines Steuersystems in Florenz, was auch die Kirche mit der politisch-ökonomischen Realität konfrontierte, Abgaben an die weltlichen Herrscher zahlen zu müssen. Nicht zufällig ähneln die Jünger mit ihren individuellen Physiognomien Florentiner Bürgern. Auch florentinische Häuser sind in einer weiten Landschaft zu sehen, die dank der gerade erst von Brunelleschi erfundenen Maltechnik der Zentralperspektive so dargestellt ist, dass sie sehr realistisch wirkt.

Auch Masolinos Fresko *Heilung des Krüppels und Auferstehung von Tabitha* gegenüber zeigt zwar

Personen, die so zart und schön wirken wie im *Sündenfall*, doch wirkt nun alles viel realistischer. Die eleganten Dandys sind in zeitgenössischer Mode gekleidet und die Gebäude weisen viele realistische Details auf: Wäsche vor den Häusern, Vogelkäfige und ein Äffchen auf einem Sims. Und auch Masolino arbeitet jetzt mit der Zentralperspektive. Man kann sogar den mit einem Nagel in der Wand gekennzeichneten Fluchtpunkt erkennen, auf den alle Linien des Bildes zulaufen.

Der radikalere Maler aber war Masaccio. Trotz seiner Jugend war er sich seines Talents bewusst. Im Fresko unter dem *Zinsgroschen* malte er seine Künstlerkollegen im Profil: Masolino links, Brunelleschi ganz rechts, in der Mitte angeblich Leon Battista Alberti (der aber 1427 noch nicht in Florenz weilte). Ein Einziger blickt die Betrachter direkt an: Masaccio, der sich hier so selbstbewusst porträtiert wie noch kein Maler zuvor. *Der Zinsgroschen* gilt als Meisterwerk seines schmalen Œuvres, an dem sich alle nachfolgenden Künstler in Florenz von Michelangelo bis Raffael orientierten.

40

BUS C3, C4 SANTO SPIRITO

Five o'Clock Tea

LA VIA DEL TÈ 3
PALAZZO FRESCOBALDI,
VIA DI SANTO SPIRITO, 11
WWW.LAVIADELTE.IT
DI-SO 11-20 UHR, MO 15.30-20 UHR

Cremefarbene Wände, mattgrüne Regale, darauf Hunderte von Teedosen, dazu eine Glasvitrine mit Gebäck, die eleganten Tische sind mit feinstem Porzellan gedeckt: Schon beim Eintreten ins *La Via del Tè* in der Via di Santo Spirito fühlt man sich in einen englischen Teesalon versetzt. Die haben in Florenz Tradition. Seit 1840 kamen immer mehr Engländer und Amerikaner nach Florenz, um zu bleiben. Ende des 19. Jahrhunderts lebten fast 30 000 Angloamerikaner ständig in der Stadt mit damals insgesamt 200 000 Einwohnern. Auf ihre geliebten Gewohnheiten verzichten mochten die meist wohlhabenden Fremden und Touristen nicht. In der vor-

nehmen Via de' Tornabuoni, wo auch heute die internationalen Markengeschäfte residieren, hörte man damals mehr Englisch als Italienisch, hier konnte man fast wie in London einkaufen – vom englischen Parfüm bis zum Darjeeling, original importiert aus dem Vereinigten Königreich. Den Fünf-Uhr-Tee genoss man seit 1827 im angesagten *Gran Caffé Doney*, Treffpunkt der mondänen Welt. Der orientierte sich in seinen feinen Umgangsformen ganz am elitären Londoner Jockey-Club, im Unterschied zum englischen Vorbild waren in Florenz allerdings auch Frauen zugelassen.

So vornehm geht es heute nicht mehr zu im *La Via del Tè*, es ist auch kein angesagter Treffpunkt der Reichen und Schönen. Das aber ist gerade sein Vorteil als ruhiger Ort für eine Pause vom anstrengenden Sightseeing. Im Sommer bei Vogelzwitschern auf einem winzigen Hof mit Blick auf Reste des *Giardino Frescobaldi*, im Winter in einem der schmalen, edel eingerichteten Salons. Zwar kann man hier auch zu Mittag essen oder frühstücken, stilechter aber ist der Nachmittagstee, die *L'ora del Tè*: »alla Londra« mit Gurkensandwiches, präsentiert auf einer entzückenden Etagere aus der bekannten Florentiner Porzellanfabrik *Ginori*, oder »alla Kyoto« – feinster Matcha-Tee, dazu drei Toskaner Marzipankekse, ganz zart mit grünem Tee

parfümiert. Beide Varianten sind hervorragend. Kein Wunder, dass auch Japaner und Engländer hier gern einkehren.
Nicht nur das: Die Firma exportiert inzwischen ihre Tees in viele Länder, sogar in die Heimat des Five o'Clock Tea: 2015 widmete das Luxuskaufhaus Harrods, selbst ein Kunde, dem Unternehmen eine große Ausstellung in London. Der Ritterschlag sozusagen. Umso bemerkenswerter, weil das Geschäft 1961 von einem waschechten Florentiner, Alfredo Carrai, gegründet wurde und sich noch heute in Familienbesitz befindet.

41

BUS C3, C4 SANTO SPIRITO

Hommage an einen Hampelmann

DITTA MARCHIANI AUGUSTO
VIA SANTO SPIRITO, 16R
TGL. 10.30-18.30 UHR (AUSSER SONNTAGS)

TIPPS

PINOCCHIO-DENKMAL: PIAZZA MERCATO CENTRALE;
PLAKETTE GEBURTSHAUS CARLO COLLODI: VIA TADDEA 21/23

Auf der ganzen Welt kennt man Pinocchio mit seiner Lügennase, über seinen Schöpfer aber wissen die wenigsten etwas. Carlo Collodi (eigentlich Lorenzini) wurde am 24.11.1826 in der Via Taddea 21/23 als ältestes von zehn Kindern geboren. Der Vater Koch, die Mutter Dienstmagd, beide in Stellung bei Marchese Ginori, der dem intelligenten Knaben als Pate die gesamte Ausbildung finanzierte. Doch Carlo dankte ihm dies nicht, immer wieder büxte er aus, auch im Unterricht tat er sich nicht gerade hervor: »Ihr ahnt vielleicht, wer auf der ganzen Schule der faulste, unruhigste und frechste Schüler war?« Später war Collodi dann doch froh über die gute Schul-

ENTRA NELLA BOTTEGA
DI
MASTRO GEPPETTO
E SE SEI RIMASTO CONTENTO
GRAZIE
LE AVVENTURE DI
PINOCCHIO
Storia di un burattino

bildung, die ihm der Marchese spendiert hatte, denn ohne sie hätte er nicht als Journalist arbeiten können. Doch auch in seinem Beruf war er nicht besonders fleißig, lieber saß er tagelang in den beliebten Intellektuellencafés der Stadt. Als leidenschaftlicher Spieler hatte er oft Spielschulden und nahm deshalb immer wieder Aufträge für den Schulbuchverlag der Brüder Paggi an. Rasch hintereinander schrieb er eine Grammatik, eine Rechenfibel, ein Erdkundebuch und sogar einen Kinderreiseführer. Ab Juli 1881 entwarf er eine Fortsetzungsserie für eine Kinderzeitschrift: *Storia di un burattino*, die Geschichte eines Hampelmanns, den Meister Geppetto aus einem Holzstück schnitzt und der schon frech wird, noch ehe er fertig ist: »ein Taugenichts von einem Sohn« von Anfang an. Wie einst der Autor selbst mag der Kleine nicht zur Schule. Und er lügt, wo er kann – derweil die Nase dann lang und länger wird.

Mit großer Begeisterung schilderte der Autor Streiche, Dummheiten und Abenteuer des frechen Hampelmanns. Immer merkt man, dass er wusste, wovon er schrieb. Vielleicht liegt darin der Charme des Buches: Anders als der Verfasser des deutschen *Struwwelpeters*, der die Kinderunarten stets aus der Perspektive der Erwachsenen darstellte, identifizierte sich Collodi mit seinem kindlichen Helden. Das taten später auch die Italiener. Für Federico Fellini ist Pinocchio »Italiens großes Buch«.

Die Florentiner ehrten den kinderlosen Autor als »Vater Pinocchios« mit einer Plakette an seinem Geburtshaus in der Via Taddea, die allerdings eher unauffällig angebracht ist. Pinocchio erhielt sogar ein eigenes Denkmal im schmuddeligen Winkel auf dem Platz vor dem *Mercato Centrale*, das freilich selbst die meisten Florentiner nicht kennen.

Die schönste Pinocchio-Gedenkstätte liegt jenseits des Arno in der kruschteligen Tischlereiwerkstatt von Leonardo Romanelli. Der gefragte Tischler für Bilderrahmen lebt hier ganz seine eigentliche Passion aus: Überall stehen, hängen, liegen Pinocchios, von Miniaturpinocchios aus rosa Plastik bis zu imposanten Holzfiguren, Pinocchio als Käsereibe oder als Flaschenöffner, dazu Pinocchio-Bücher sogar auf Polnisch oder Japanisch.

42

BUS C3 SODERINI

Essen wie früher: Trattoria Sabatino

TRATTORIA SABATINO
VIA PISANA, 2R
(PORTA SAN FREDIANO)
WWW.TRATTORIASABATINO.IT
MO-FR 12-14.30 UHR, 19.15-22 UHR
RESERVIERUNGEN AB VIER PERSONEN,
NUR TELEFONISCH +39 055 225 955

TIPP

VORHER EINEN APERITIVO IM
SANTAROSA BISTROT GLEICH NEBEN DER
PORTA SAN FREDIANO, WO MAN SEHR
ENTSPANNT DRAUSSEN SITZT:
LUNGARNO DI SANTA ROSA
MO-FR 8-24 UHR; SA-SO 10-24 UHR

»Essen wie bei Mama«, verspricht die *Trattoria Sabatino*. Die Speisekarte sieht schon mal sehr hausgemacht aus: Sie wird – so die Besitzer – täglich auf einer alten Olivetti getippt und ist sehr übersichtlich: Bohnensuppe mit Reis, pürierte Minestrone, Braten mit grüner Soße, verschiedene Innereien, als Beilage Weißkohlsalat oder gedünsteter Mangold: lauter deftige Gerichte, wie sie auch zu Hause gekocht werden könnten. Dazu sensationelle Preise: Die Hauptgerichte kosten fünf bis sechs Euro, ein ganzes Menü weniger als 20 Euro.

Klar, dass es hier immer voll ist: Abends muss man ohne Reservierung meist am Marmortresen am Eingang in einer Schlan-

ge warten. Werden Plätze frei, wird man einfach dazugesetzt – ganz in der Tradition der alten Volksküchen, in denen auch alle um einen Tisch saßen. Eine solche *Mensa popolare* befand sich schon Anfang des 20. Jahrhunderts in diesen riesigen hohen Räumen. Familie Sabatino residiert erst seit 1999 hier, nachdem sie mit ihrer Gaststätte aus den alten Räumen am *Borgo San Frediano* ausziehen mussten. Mitgenommen haben sie einen riesigen alten Kühlschrank, die langen Holztische und die einfachen Stühle.

Es ist laut, es ist wuselig, in der offenen Küche klappern Pfannen und Töpfe. Die Kellner und Kellnerinnen aber bewahren die Ruhe, und dann wird man erstaunlich schnell bedient: Als Antipasto sehr gute Schinken, am besten schmeckte uns der fette *Lardo*, dazu Salami und die weichere, sehr geschmackvolle mit Fenchel gewürzte *Finocchiona,* eine alte toskanische Spezialität. Dazu passt hervorragend das für Florenz typische ungesalzene Brot. Sehr gut die Suppen, die *Pappa al pomodoro*, auch die Gemüsebeilagen schmecken fein. Für Fleischliebhaber ein Muss: statt *Bistecca alla fiorentina* (was es hier auch gibt) besser *Arista al forno* essen: Der Schweinebraten mit Rosmarin zergeht auf der Zunge. Zudem passt das Gericht nicht nur besser hierher, sondern blickt auch auf eine uralte Tradition zurück: Schon im 14. Jahrhundert erwähnt Francesco Sacchetti *Arista* in einer seiner Novellen. Der Wein des Hauses ist allerdings mäßig, doch darauf kommt es hier nicht an. Denn hier erhält man nicht nur einen Eindruck des bäuerlichen Ursprungs der toskanischen Küche, sondern auch vom geselligen Essen. Irgendwie kommt man immer ins Gespräch mit seinen Tischnachbarn. Wir trafen zum Beispiel einmal zwei sehr couragierte Amerikanerinnen mittleren Alters, die uns von ihren Pilgererfahrungen auf dem Jakobsweg erzählten. Lange war das *Sabatino* ein wirklicher Geheimtipp, inzwischen essen hier abends auch immer mehr Touristen. Wer die vermeiden will, kommt besser mittags, wenn hier die Leute aus der Nachbarschaft einkehren.

43

BUS C3, C4 SANTO SPIRITO, 11 PIAZZA SAN FELICE

Die Casa Guidi und eine große englische Dichterin

CASA GUIDI
PIAZZA SAN FELICE, 8
MO, MI, FR 15-18 UHR
BUCHUNG ÜBERNACHTUNG:
WWW.LANDMARKTRUST.ORG.UK

TIPP

BIO-ESSEN UND BIO-WEINE IM WINZIGEN RESTAURANT VIVANDA (AUCH KURSE IM PASTAMACHEN UND WEINPROBEN). SEHR KOMMUNIKATIVE, GUT ENGLISCH SPRECHENDE KELLNERINNEN.
VIA SANTA MONACA, 7R
WWW.VIVANDAFIRENZE.IT
TGL. 11-15 UND 18-24 UHR

Ihre dramatische und romantische Liebesgeschichte bewegte Mitte des 19. Jahrhunderts die literarische Welt in ganz Europa: Sie: Elizabeth Barrett, Englands bedeutendste lebende Dichterin, aber nach einem Reitunfall und einer schweren Tuberkulose todkrank. Er: Robert Browning, sechs Jahre jünger, ebenfalls Dichter, allerdings bis dahin nicht sehr erfolgreich.
Am 10. Januar 1845 schreibt Robert Browning zum ersten Mal der Dichterin, wie sehr er sie verehre. Sie antwortet. 537 Briefe wechseln sie in den nächsten zwanzig Monaten. Weil ihr Vater gegen eine Beziehung ist, heiraten die beiden Dichter 1846 heimlich und fliehen nach

Europa. Im Frühjahr 1847 lassen sie sich in Florenz nieder und beziehen eine Wohnung im Viertel Santo Spirito im *Piano Nobile* des *Palazzo Guidi*.

»Wir sind so glücklich wie zwei Eulen in ihrem Loch, oder zwei Kröten unter einem Baumstumpf«, schreibt Robert. »Es ist wie ein Galopp über Gras«, schwärmt Elisabeth. Es werden die schönsten und produktivsten Jahre ihres Lebens: Sie wird gesund, kann reisen, sogar wieder reiten. Mit 42 Jahren bringt sie einen Knaben zur Welt. Die *Casa Guidi*, wie sie ihr neues Heim sofort getauft hatte, ist da längst Anziehungspunkt literarisch interessierter Engländer in der Stadt am Arno.

Doch anders als ihre Landsleute, die sich nur für die Vergangenheit der Stadt begeisterten, interessierte sich Elisabeth Barrett Browning für die Gegenwart Italiens, vor allem für Politik. Von ihrem Lieblingsplatz aus, dem Balkon zur Via Mazzetta, beobachtete sie die Demonstrationen im Zuge der 1848er-Revolution und machte die Risorgimento-Bewegung 1851 sogar zum Thema eines berühmten Gedichtzyklus: *Casa Guidi Windows*. Die Italiener dankten ihr dieses Engagement nach ihrem Tode 1861 mit einer Plakette am *Palazzo Guidi*, auf der sie als Vermittlerin zwischen England und Italien gefeiert wird. Begraben wurde sie auf dem *Cimitero degli Inglesi.*

Die ehemalige Wohnung der Brownings wurde in den 1970er Jahren originalgetreu restauriert. Heute gehört das Appartement dem Eton College und dem Landmark Trust. Für das Publikum ist es als kleines Dichtermuseum an mehreren Tagen der Woche geöffnet und unbedingt sehenswert. Der hohe Salon mit den riesigen Maßen sieben mal elf Meter ist edel eingerichtet, mit Möbeln, die das Ehepaar selbst ausgesucht hatte. Dazu eine kleine Bibliothek. Winzig die Küche, die Brownings kochten nicht, ließen sich lieber das Essen von einem nahe gelegenen Restaurant bringen. Im imposanten Himmelbett des Dichter-Ehepaars kann man sogar übernachten.

44

BUS C3, C4 SANTO SPIRITO, 11 PIAZZA SAN FELICE

Das älteste Naturkundemuseum Europas: La Specola

MUSEO DI STORIA NATURALE LA SPECOLA
VIA ROMANA, 17
WWW.MSN.UNIFI.IT
DI-SO 9-17 UHR; MO GESCHLOSSEN
EINTRITT: 6 EURO
DIE BERÜHMTE SAMMLUNG DES MUSEUMS AUS ANATOMISCHEN WACHS-MODELLEN MENSCHLICHER KÖRPER IST NUR MIT FÜHRUNG ZU BESICHTIGEN (EXTRAKOSTEN: 3 EURO): DI-FR 11.30 UND 15 UHR, SA-SO 11.30, 12.30 UND 15 UHR

Nirgendwo Bildschirme oder interaktive Museumsstationen: Das älteste der Öffentlichkeit zugängliche Naturkundemuseum Europas sieht noch fast so aus wie zu seinen Anfängen, die meisten Vitrinen stammen aus dem 18. und 19. Jahrhundert. Gegründet und eröffnet wurde es 1775 von Großherzog Leopold von Lothringen. Grundstock bildeten die alten Wunderkammern der Medici, die bis dahin nur Gelehrten oder Adligen vorbehalten waren. Aufklärer Leopold aber wollte dieses Wissen auch dem Volk zur Verfügung stellen, hereingelassen wurde es allerdings nur »in reinlicher Kleidung«.
Mehr als drei Millionen Objekte umfasst die Sammlung

heute. Über zwanzig Säle sind der Tierwelt gewidmet, systematisch aufgebaut vom kleinsten Einzeller bis zu hochentwickelten Säugetieren: Es ist, als spaziere man durch ein Biologiebuch aus dem 19. Jahrhundert, nur dass hier keine Zeichnungen oder Fotos, sondern Präparate von echten Tieren ausgestellt sind. Einzeller, Schwämme, Muscheln, Krebse, Tintenfische und Medusen, Käfer und wunderschöne Schmetterlinge, sauber aufgespießt. Skurril der Mondfisch, überhaupt die vielen bizarren Formen der Meerbewohner. Eine riesige Sammlung zeigt nahezu alle Singvögel Italiens, eine großzügige Schenkung des Jagdvereins von Florenz. Viele Arten gibt es heute nicht mehr, auch durch die Jäger, die zur Dezimierung der in Italien überaus beliebten Delikatesse beigetragen haben.

Besonders stolz ist das Museum auf seine eigene Sammlung exotischer Großtiere. Eher kurios ist das riesige ausgestopfte Nilpferd, ein Geschenk für den Großherzog, das dieser kurzerhand in die Boboli-Gärten verbannt hatte, wo es einige Jahre wahrscheinlich etwas freudlos lebte. Die meisten anderen Exoten wie Löwe, Tiger, Zebra wurden auf Expeditionen des Museums extra für die Sammlung erlegt, nur zu »Wissenschaftszwecken«. Viele der Tierarten sind heute fast ausgestorben, wobei solche Großwildjagden nicht unwesentlich dazu beitrugen. Bei allem Charme, den dieses altmodische Museum ausstrahlt, ist man dann doch froh, dass heute keine Tiere mehr getötet werden, um als Anschauungsmaterial zu dienen, sondern stattdessen Fotos und Filme gezeigt werden.

45

BUS C3, C4 BARDI

Pontormos Popfarben

CHIESA SANTA FELICITA
PIAZZA SANTA FELICITA, 3
WWW.SANTAFELICITAFIRENZE.IT
MO-SA 9.30-12.30 UHR, 15.30-17 UHR

TIPP

ENOTECA LE VOLPI E L'UVA
PIAZZA DEI ROSSI, 1
WWW.LEVOLPIELUVA.COM
MO-SA 11-21 UHR
RESERVIERUNGEN NUR TELEFONISCH:
+39 055 239 8132

Hellblau, Pink und Knallorange: Wie in einem Pop-Art-Bild explodieren die Farben in diesem Gemälde. Dabei ist die *Grablegung Christi* in der *Cappella Capponi* der Kirche *Santa Felicita* fast fünfhundert Jahre alt. Gemalt hat sie Jacopo Carrucci, genannt Pontormo (1494–1557), in den Jahren 1525 bis 1528.

Früh hatte der Waisenknabe das Malen begonnen, bei Leonardo da Vinci gelernt und in der Werkstatt Andrea del Sartos gearbeitet, früh wurde er gefeiert von Michelangelo und Raffael. Nach seinem erfolgreichen Debut mit Fresken in *Santissima Annunziata* wurde er mit Aufträgen überhäuft – von Klöstern und Kirchen, aber auch von

den Medici, für die er unter anderem die *Villa Poggio a Caiano* ausmalte. Aber früh schon galt er als Sonderling, melancholisch, eigenbrötlerisch, misstrauisch und geizig. Er war sich dessen durchaus bewusst, wie sein Selbstporträt in der *Grablegung* als Typ mit wirren Haaren am Rande zeigt. Während der drei Jahre, in denen er für die Capponi in der Kirche *Santa Felicita* arbeitete, ließ er die Kapelle rigoros für alle Besucher – außer für seinen Schüler Bronzino – sperren. Auch in seiner Malerei war Pontormo sehr eigen. Statt die damals üblichen Ölfarben zu nehmen, mischte er wie früher im Mittelalter Farbpigmente mit frischen Eiern, kombinierte das aber mit neuesten Maltechniken. Bei der *Grablegung* nutzte er ein kaltes Bleiweiß, das die hellen Farben fast durchscheinend und transparent wirken lässt. Nur der tote Christus ist grünlich bleich mit tiefen Schatten unter den Augen, die Lippen violett wie kurz vor der Verwesung, während rund um ihn die Menschen in changierenden Mischfarben irisierend leuchten. Alles scheint etwas unwirklich, wozu auch die nicht ganz exakten Proportionen der länglichen Körper beitragen. Das ist weder Zufall noch Unvermögen: Pontormo orientierte sich nicht mehr am Realismus seiner großen Renaissance-Vorgänger und der akademischen Malerei. Zentralperspektive? Ist auf diesem Bild ersetzt durch mehrere vertikale und horizontale Achsen. Ein realistischer Raum oder eine Landschaft? Fehlanzeige. Ein paar Wölkchen, ein Zipfel blauen Himmels und etwas Erdboden. Das war's. Ansonsten scheinen die Menschen schwerelos zu schweben. Auf engstem Raum sind so viele Figuren ineinander verknäult, dass man sie kaum zählen kann. Ein richtiges Zentrum ist kaum auszumachen, auch Christus ist kein wirklicher Anker für den Blick. Eine sichtbare Ordnung, ein mathematisches rationales Raster wie in einem Renaissancegemälde fehlt. Dadurch geht eine merkwürdige existentielle Unruhe von dem Bild aus. Das bemerkten auch seine Zeitgenossen, die eine solche Irritation aber nicht schätzten. Künstlerbiograph Vasari kritisierte Pontormos Malweise scharf als *maniera* und bemängelte die Unausgewogenheit seiner Bilder. Nach seinem Tod 1557 geriet Pontormo dann jahrhundertelang in Vergessenheit. Erst im 20. Jahrhundert wurde er wiederentdeckt und als der bedeutendste Vertreter des Manierismus gefeiert. Für uns erweist sich das als Glück, da seine Werke nie auf den Kunstmarkt gelangten und wir sie noch an ihrem ursprünglichen Bestimmungsort bewundern können. Man sollte ein paar Euromünzen dabeihaben für das Licht, denn nur dann erstrahlt das kürzlich restaurierte Gemälde in all seiner ursprünglichen Pracht.

46

BUS C3, C4 SANTO SPIRITO, 11 PIAZZA SAN FELICE

Ein Krimispaziergang in San Frediano

Nicht nur Venedig hat seinen Commissario, auch Florenz hat einen Ermittler für komplizierte Kriminalfälle: Doch während Brunetti waschechter Venezianer, redegewandt und durch die Familie seiner adligen Frau bestens in der Stadt vernetzt ist, stammt der *Carabiniere* Maresciallo Guarnaccia aus Syrakus: ein melancholischer, rundlicher, integrer Mann, der nicht dem Klischee eines Sizilianers entspricht. Ein Fremder, der sich in Florenz erst einmal zurechtfinden muss und dessen tastende Schritte in der Arnostadt wir als Leser miterleben.
Eine Fremde und Außenseiterin in Florenz war auch die englische Autorin Magdalen Nabb.

CAFFÈ BIANCHI
PIAZZA SAN FELICE, 5R
WWW.BARTABACCHIBIANCHI.IT
MO-SA 7-22.30 UHR

CAFFÈ RICCHI
PIAZZA SANTO SPIRITO, 8/9 R
WWW.RISTORANTERICCHI.COM
TGL. 7-1 UHR

CARABINIERI-STATION IM PALAZZO PITTI (LINKE SEITE)

Frisch geschieden, kam sie als junge Frau 1975 das erste Mal nach Florenz und blieb gleich da – ohne Sprachkenntnisse, ohne Job. Die ersten Jahre hielt sie sich mit Selbstgetöpfertem und Englischunterricht über Wasser, später wurde sie Kustodin in der *Casa Guidi* und wohnte auch dort. Ihren ersten Florenz-Krimi veröffentlichte sie 1981.

In Krimis geht es natürlich um Verbrechen, wobei sich Magdalen Nabb oft an realen Kriminalfällen der Stadt orientierte. Immer verband sie das mit genauen Milieustudien, man erfährt etwas über *alta moda*, über das Essen und über das gar nicht so leichte Leben der *Carabinieri*, aber auch über die Haltung stolzer Florentiner Adliger und nicht minder stolzer Handwerker. Von Beginn an schrieb Nabb dabei konsequent nur über das, was sie selbst gut kannte: Der Aktionsradius ihres Helden ist die Gegend jenseits des Arno, in der sie selbst wohnte. Viele Orte und Schauplätze gibt es wirklich, wir können sie aufsuchen wie beispielsweise Guarnaccias Arbeitsplatz, die etwas schäbige Carabinieri-Station auf der linken Seite des Garten des *Palazzo Pitti*. Auch auf seinen alltäglichen Wegen kann man Guarnaccia folgen: die Antiquitätenstraße Via Maggio entlang zur Piazza Santo Spirito, wo er gern einen Abstecher in das Eiscafé *Ricchi* macht.

Sein Lieblingscafé aber ist das *Caffè Bianchi* an der Piazza San Felice, wo sich die Bewohner und Nachbarn immer wieder über die Verkehrsprobleme aufregen. Die gibt es heute immer noch, vor allem morgens lärmen hier Busse, Autos und Mofas. Auch das *Caffè Bianchi* gibt es noch, und noch heute drängen sich morgens am langen Tresen die Florentiner, die zur Arbeit gehen. Alles muss schnell gehen, der Ton ist rau, der Kaffee aber schmeckt hervorragend und man bekommt eine Ahnung vom ganz normalen Alltag der Menschen hier. Der hat sich allerdings seit dem frühen Tod der Autorin 2007 auch schon wieder verändert: Die Via Romana zum Beispiel, in der sie wohnte, wirkt mit vielen kleinen Läden, einer Metzgerei, einem kleinen Supermarkt, einem Strumpf- und Wäschegeschäft zwar immer noch wie eine altmodische Vorstadtstraße. Doch auch hier verdrängen modische Shops alteingesessene Läden. Auch das registrierte Nabb aufmerksam. Als die erste Sushi-Bar in der Straße eröffnete, machte sie die kurzerhand zum Schauplatz eines ihrer Bücher. Magdalen Nabb war nicht nur eine Krimischriftstellerin, sondern die größte moderne Chronistin der Stadt.

47

BUS C3, C4 BIS SANT'AGOSTINO

Nachbarschaftstreff in der Fiaschetteria Fantappiè

FIASCHETTERIA FANTAPPIÈ
VIA DEI SERRAGLI, 47R
WWW.FIASCHETTERIAFANTAPPIE.COM
MO-SA 9-13.30 UHR, 16.30-22 UHR

Es gibt sie noch, die Orte, wo sich die Nachbarn des Viertels auf einen kurzen Schwatz und einen Wein treffen: die *Fiaschetteria Fantappiè* zum Beispiel in der Via dei Serragli in Santo Spirito. Eine schmale winzige Theke, kaum Platz zum Sitzen. Aber die meisten stehen ohnehin lieber: die Engländerin, die schon seit Jahrzehnten in Santo Spirito wohnt, das junge Paar mit den schweren Einkaufstüten, Handwerker in Arbeitsmontur, die Vermieterin, die schnell einen hier deponierten Schlüssel abholt. Auch ein paar Touristen, die meistens draußen auf der Terrasse Platz nehmen. Doch auch die kommen oft jeden Abend während ihres Aufenthaltes, selbst wenn

sie kein Italienisch verstehen, einfach, weil sie sich hier wohlfühlen. Den Wein gibt's in einfachen kleinen Gläsern, das Tagesangebot zu 2,50 Euro. Man steht hier eng beieinander, schwatzt, immer mal wieder langt jemand zu den Häppchen, die appetitlich auf einem Servierwagen angerichtet sind. Man redet über Privates, hört den neusten Klatsch. Manchmal wird es auch etwas lauter, vor allem bei Diskussionen über Politik. Fast immer da ist Kellnerin Alessia, die alle mit Leib und Seele bedient. Ihr Lebensmittelpunkt ist hier – passenderweise wohnt sie direkt über dem Lokal. Hinter der Theke steht meist Besitzer Luca, seit Kurzem verheiratet und Vater eines kleinen Sohnes.

Eingestiegen ins Geschäft ist er mit gerade einmal siebzehn Jahren, als sein Vater starb und Mutter und Onkel es weiterführten. Damals sah das Viertel noch so aus wie in den Büchern von Pratolini. Rund um die 1947 eröffnete *Bottega* gab es kleine Lebensmittelläden, Werkstätten, Bäckereien, Metzgereien und auch noch den Kohlenhändler. Die *Fiaschetteria* war für alle ein wichtiger Ort: Hier holte man den Wein für Mittag- und Abendessen – damals noch in den charakteristischen Flaschen, den *fiaschi*. Oft trank man auch hier schon ein Gläschen, aß einen Bissen und spielte eine Partie Karten. Ein zweites Wohnzimmer für diejenigen, die keinen Platz zu Hause und wenig Geld hatten. Anschreiben konnte man immer, bezahlt wurde am Monatsanfang.

1985 renovierte Luca den alten Laden, ließ eine neue Theke einbauen, den Fußboden neu fliesen und bis unter die Decke Regale für Flaschenweine anbringen. Einen *Fiascho Chianti* kann man heute nicht mehr erwerben, dafür Entdeckungen machen unter den besten italienischen Weinen aus Sizilien bis zum Trentino. Was das Weinangebot betrifft, kann die *Fiaschetteria* locker mit einer edlen Enoteca mithalten. Nur mit dem Unterschied, dass man sich hier immer noch wie in einem zweiten Wohnzimmer fühlt. Man kann nur hoffen, dass sich das nicht ändert im Zuge der Gentrifizierung des Viertels.

48

BUS C4 PIAZZA TASSO, BUS 11, 36, 37 PRATOLINI

Ein Spielplatz mit Geschichte auf der Piazza Tasso

AREA GIOCHI IVO POLI
PIAZZA TORQUATO TASSO
PLAKETTE FÜR DIE FÜNF OPFER
DER BANDA CARITÀ:
PIAZZA TASSO ZWISCHEN VIALE FRANCESCO PETRARCA UND VIA DEL CAMPUCCIO

Ein heißer Montagnachmittag am 17. Juli 1944, an dem viele Bewohner von *San Frediano* Schatten und Erfrischung unter den hohen Bäumen der Piazza Tasso suchen. Die Frauen genießen noch einen Schwatz, bevor sie das Abendessen richten, alte Leute dösen auf den Bänken, und überall wuseln Kinder herum. Plötzlich rast ein Lastwagen frontal auf den Platz zu, heraus springen Männer in schwarzen Uniformen. Sie eröffnen sofort das Feuer. Panik bricht aus, die Menschen fliehen in alle Richtungen. Auch der kleine Ivo Poli rennt, so schnell er kann. Dann hören die Gewehrsalven ebenso plötzlich auf, wie sie begonnen haben. Überall liegen Tote und

Verletzte. Wer sich jetzt nicht gerettet hat, wird festgenommen. Verantwortlich für das Attentat war die *Banda Mario Carità*, ein berüchtigtes faschistisches Sonderkommando. Ihren Sitz hatten sie in der *Villa Triste*, dem Hauptquartier der Gestapo, mit der sie eng zusammenarbeiteten, für die sie Spitzeldienste leisteten, aber auch politische Gefangene folterten – oft noch grausamer als die Deutschen. Immer wieder organisierten sie Razzien und Überfälle, besonders oft in *San Frediano*, weil hier das Zentrum der bewaffneten *Resistenza* lag.

Die Bilanz des Terroraktes im Juli 1944: Fünf Tote, viele Verletzte und viele Verschwundene, von denen man jahrelang nichts hörte. (Erst 1952 wurden sie gefunden, alle waren erschossen und einfach in den Arno geworfen worden.) Unter den Toten auf dem Platz war auch der kleine Ivo. Seine Mutter war noch zu ihm gerannt. Doch sie konnte ihn nur noch auffangen: Er starb in ihren Armen, durchlöchert von mehreren Schüssen in seinen Rücken. Acht Jahre wurde er alt.

Einschüchtern ließen sich die Menschen im Viertel jedoch nicht. Zwei Tage nach dem Attentat trafen sich die San Fredianer am Ort des Geschehens auf der Piazza Tasso zu einem großen Begräbniszug und riefen: »Tod dem Faschismus«. Bald nachdem Deutsche und Faschisten vertrieben waren, ehrte die *Resis-*

tenza 1946 die fünf Toten (außer dem Kind noch vier Männer) mit einer Gedenktafel am Rand des Platzes.

Heute ist die Piazza Tasso wieder ein bei Einwohnern beliebter Platz, abendlicher Treffpunkt der Nachbarn unter denselben schattigen Bäumen wie damals. Neueren Datums sind ein kleiner Bolzplatz, Schaukel, Sandkiste und ein Baumhaus für Kinder. Ein ganz normaler Spielplatz – bis auf seinen Namen: Seit März 2016 heißt er nach Ivo Poli. Besonders eingesetzt für den neuen Namen hat sich das örtliche Komitee der ANPI, der Nationalen Organisation der italienischen Partisanen. Obwohl nur noch wenige der alten Kämpfer leben, ist die Gruppe im Stadtteil immer noch erstaunlich aktiv. Das sieht man an der traditionellen Demonstration am 25. April, dem Tag der Befreiung von der deutschen Besatzung, die in *San Frediano* unter großer Beteiligung stattfindet. Ein bunter, lauter Zug mit vielen punkig und alternativ gekleideten jungen Leuten. Klar, dass die auch neue politische Ziele verfolgen, zum Beispiel unterstützen sie lautstark die Flüchtlingsinitiative *Arcobaleno* in der nahen Via del Leone. Wenn der Demonstrationszug dann auf der Piazza Tasso Station macht, spürt man noch immer etwas vom alten neuen Widerstandsgeist in diesem Viertel.

49

BUS C4 CARMINE

Burro & Acciughe: Fisch in Florenz?

BURRO & ACCIUGHE
VIA DELL'ORTO, 35/R
WWW.BURROEACCIUGHE.COM
DI-SO 12-14 UHR, 19.30-24 UHR

Fisch in Florenz? Nie! Zwar gibt es eine berühmte toskanische Fischsuppe, die *Cacciucco*, aber die aßen die Florentiner lieber in den Sommerferien direkt am Meer. Doch irgendwann wollten die jungen Köche der Stadt andere Herausforderungen als das ewige *Bistecca alla Fiorentina*, und Fisch ist in Flughafennähe inzwischen überall frisch zu bekommen. Jedenfalls gibt es seit einigen Jahren eine Reihe von Restaurants, die sich ganz auf Fisch und Meeresfrüchte spezialisiert haben. Als Tourist in Florenz will man natürlich nicht die internationalen Fischgerichte essen, die man überall bekommt, sondern lokale Spezialitäten. Also in ein Lokal, das

Fisch und lokale Traditionen verbindet.
Zum Beispiel das *Burro & Acciughe.* Als die Räume der kleinen Gaststätte in der Via dell'Orto frei wurden, wollten die Betreiber der Trattoria *Il Guscio*, bekannt für ihre sehr gute traditionelle Toskana-Küche ganz in der Nähe, hier zunächst eine Pizzeria für unkompliziertes schnelles und preiswertes Essen eröffnen. Eine sichere Bank. Doch dann hatten sie eine mutigere Idee: ein Lokal, in dem es (nur) Fisch gibt, in dem aber auch die lokalen Traditionen der Florentiner Küche respektiert werden. Als Fastengericht stand Fisch durchaus auch auf alten Florentiner Speiseplänen. Und billige Sardellen waren seit je Bestandteil der Armenküche im Viertel. Als beliebtes Vesperbrot der Arbeiter und Handwerker: *Pane, burro e acciughe*, Brot, Butter und Sardellen, dazu ein Glas Wein. Dieses volkstümliche Gericht gab dem Lokal auch den eigentümlichen Namen *Burro & Acciughe*.
Volkstümlich sieht es in dem 2016 eröffneten Lokal allerdings nicht aus. Schmale, sehr hohe Räume, unverputzte Wände, viel Metall und »Shabby Chic«, der eher an hippe Läden in den Metropolen dieser Welt erinnert als an toskanische Trattoriengemütlichkeit. Im Eingang eine Vitrine mit den Fischen des Tages und Vorspeisen, darunter Austern, Langusten und Hummer. Sehr appetitlich, aber die essen wir doch lieber in der Bretagne. Hier schon eher Gerichte der klassischen mediterranen Fischküche wie *Spaghetti Vongole* (sehr gut) und *Paccheri alla Pescatora*, breite Nudeln mit Mies- und Venusmuscheln, Scampi und Oktopus (hervorragend). Und die *Cucina Povera*, die dem Lokal immerhin den Namen gab? Gibt es als Antipasto und heißt wie das Jausenbrot früher *Pane, burro e acciughe.* Das ungesalzene Brot, die sehr schmackhafte Butter und drei, vier Sardellenfilets werden hier getrennt und modern-puristisch präsentiert. Schmeckt gut, ist aber mit zehn Euro sehr teuer. Üppiger hingegen und sehr lecker: *Spaghetti alle acciughe*, Spaghetti mit einer würzigen Paste aus Sardellen und knusprigen Brotbröseln. Gute Weine, gute Desserts, netter Service. Jedes Mal, wenn wir da waren, saßen um uns herum viele Florentinerinnen und Florentiner, die die Fischküche hier offensichtlich so begeistert aufgenommen haben, dass man jetzt unbedingt reservieren muss. Wer dort essen will, wo die Einheimischen sind, ist vielleicht gar nicht so falsch in diesem Lokal, in dem es nur Fisch gibt.

50

BUS 11, 36, 37 PORTA ROMANA

Kunst im Kreisverkehr: Pistolettos Skulptur DietroFront

PIAZZALE DI PORTA ROMANA

TIPP

ENTWEDER EINEN KAFFEE IN DER NAHEN BAR D'ANGOLO (LIEBLINGSORT NR. 51) TRINKEN ODER GEGENÜBER AN DER PIAZZALE DI PORTA ROMANA, 2R, EIN EIS IN DER YOGURT GELATERIA ESSEN, DI-SO 10.30-23 UHR

Rundum tost der Verkehr, Autos, Lieferwagen, Vespas düsen vorbei – der Piazzale di Porta Romana ist einer der verkehrsreichsten Plätze der Stadt. Hier treffen die Umgehungsstraße Francesco Petrarca, die vielbefahrene Via Senese, die über die Via Cassia nach Rom führt, und die schöne Allee Viale Machiavelli aufeinander, hier parken zu jeder Tages- und Nachtzeit Busse und Taxis.
Ausgerechnet an diesem geschäftigen Verkehrsknotenpunkt wollte *Arte-Povera*-Künstler Michelangelo Pistoletto 1984 seine monumentale Skulptur *DietroFront* aufstellen lassen: eine sechs Meter hohe Frauenstatue mit einer fast ebenso langen Last auf dem Kopf, die erst auf den

zweiten Blick auch als Frau zu erkennen ist. Alles aus Marmor, aber sehr grob behauen. Mit dem Kunstwerk wollte er sich bei der Stadt bedanken, die ihm gerade eine große Einzelausstellung im *Forte di Belvedere* gewidmet hatte.

Einem geschenkten Gaul schaut man nicht ins Maul, das gilt auch in Florenz, aber diese Skulptur? »Frau mit Kopfweh« war noch einer der netteren Schimpfnamen. Rasch formierte sich ein Protest, Hunderte von aufgebrachten Bürgerinnen und Bürgern forderten, das Werk weit weg in ein Industriegebiet zu verbannen. In der Stadt Michelangelos, des größten Bildhauers der Welt, der den Marmor so fein bearbeitete, dass er wie Haut schimmerte, habe ein solches Machwerk nichts zu suchen.

Dabei hatte der Künstler selbst sein Werk als Hommage an Florenz gedacht. Das kostbare Material Marmor: eine Verbeugung vor Michelangelo, auch das Riesenformat der Skulptur. Doch heutzutage könne man den Marmor – so Pistoletto – nicht mehr wie früher im klassischen Sinne schön bearbeiten. Das Kunstschöne sei nicht mehr der adäquate Ausdruck der Gegenwart, sondern viel eher diese poröse, grobe Gestalt im Stil der *Arte Povera*. Florenz habe einst in der Renaissance die Moderne in die Welt gebracht – deshalb schreite die Frau stadtauswärts in Richtung Rom, jetzt aber sei es an der Zeit, zurückzukehren, bereichert um die Erfahrungen der heutigen Welt. Deshalb zeige die getragene Frau in Richtung Florenz: *DietroFront*, so der Name der Skulptur, bedeutet Kehrtwende. Dass es sich im Unterschied zu den vielen Männerskulpturen der Renaissance um zwei gewaltige Frauenfiguren handelt, auch das ist möglicherweise ein Bekenntnis des Künstlers zur Moderne.

Inzwischen – scheint es – haben die Florentiner die seltsame Skulptur akzeptiert. Zweimal schon wurde sie für viel Geld aufwändig restauriert. Immer noch regt sie zum genauen Hinschauen und zu Diskussionen an: Schön oder hässlich? Überflüssig oder notwendig? Welchen Sinn sieht man in dem Werk? Nicht die schlechtesten Fragen, wenn man mal wieder auf den Bus wartet.

51

BUS 11 CALZA ROMANA, 36, 37 PORTA ROMANA

Bar d'Angolo und das Leben in Florenz

BAR D'ANGOLO
PIAZZA DELLA CALZA, 3R
MO-FR 7-20 UHR; SA 7-24 UHR;
SO 8-16 UHR

La vita di Firenze, das Leben in Florenz, nannte Mario Romoli sein riesiges Fresko, mit dem er 1954 die Hauswand zwischen Via degli Serragli und Via Romana verschönerte. Vor einer Stadtkulisse, die an alte Kirchenfresken erinnert, malte er rechts die Heroen aus Mittelalter und Renaissance wie Dante, Giotto, Masaccio, Michelangelo und Lorenzo de' Medici. Sie stehen in ordentlicher Reihe und blicken kritisch nach links, wo Romoli moderne Künstler und Schriftsteller aus Florenz darstellte. Sich selbst porträtierte er in der Mitte, hinter der Staffelei. Vergangenheit und Gegenwart der Stadt habe er darstellen wollen, so der Künstler. Frauen fehlen

BARBIERE
Bar d'Angolo
JOLLY CAFFÈ

auf diesem Fresko ebenso wie das *popolino*, das Volk von Florenz.

Die treffen sich eine Etage tiefer, in der *Bar d'Angolo*. Ein winziger Raum, nur zwei Minitische (mit dem *Corriere dello Sport* und der Tageszeitung *La Repubblica*), ein Tresen mit *panini* und *cornetti*, auch aus Vollkornmehl, überall Regale mit alten Kaffeekannen und Kaffeemühlen, alles vor fröhlichem Grün, Pastellblau, Terrakottarot und Gelb.

Die Bar liegt zwar abseits vom Zentrum, ist aber morgens gerammelt voll. Viele Pendler nehmen hier ihren ersten *caffè*, wenn sie an der Piazza della Calza, wo die verkehrsberuhigte Zone beginnt, in die Stadtbusse umsteigen. Dazu die vielen Handwerker, die hier in der Gegend immer etwas zu restaurieren haben, die Ladenbesitzer der Via Romana, Schüler und Schülerinnen des nahen Gymnasiums. Doch selbst im größten Trubel bewahren die Frauen hinter der Theke die Ruhe. Manchmal dauert es etwas, wenn der Ansturm zu groß ist, aber das macht nichts. Der Kaffee ist nicht überragend, aber o. k., die Preise moderat. Man holt sich alles selbst ab, auch wenn man draußen auf der kleinen sonnigen Terrasse sitzt. Hier hat man einen schönen Blick auf die *Porta Romana*, eines der großen Stadttore aus dem 14. Jahrhundert, wo früher die Reisenden aus Rom und dem Süden ankamen und hier von Gasthäusern und Pilgerhospizen wie dem gegenüberliegenden *Convitto della Calza* freundlich empfangen wurden. Etwas von diesem Geist der Gastfreundschaft haben sie in der sympathischen Bar bewahrt.

52

BUS C4 PONTE ALLE GRAZIE

50 Shades of Blue: der Giardino Bardini

GIARDINO BARDINI
COSTA SAN GIORGIO, 2
WWW.VILLABARDINI.IT
TGL. 8.15 UHR BIS 16.30 UHR IM WINTER; BIS 17.30 UHR IM MÄRZ; BIS 18.30 UHR IM APRIL, MAI, SEPT. UND OKT.; BIS 19.30 UHR VON JUNI BIS AUGUST.
1. UND LETZTER MONTAG IM MONAT GESCHLOSSEN
EINTRITT: 10 EURO
(INKL. GIARDINO DI BOBOLI)

In allen möglichen Blauschattierungen leuchten die Blüten der Glyzinienpergola im *Giardino Bardini* vom kräftigen Azurro bis zum blassen Lila. Ein Schauspiel im April und Mai vor allem für Florentiner. Denn der Garten am Steilhang des *Montecuccoli* ist erst seit einigen Jahren fürs Publikum geöffnet und gehört noch nicht zum Standardprogramm der großen Reisegruppen.

Schon im Mittelalter gab es hier einen *Hortus conclusus*, einen Gemüsegarten, der mit einer Mauer umschlossen war. Er gehörte den steinreichen Mozzi, die seit Ende des 13. Jahrhunderts in ihrem festungsähnlichen Palazzo an strategischer Stelle an der *Ponte Rubaconte* (heute *delle Grazie*)

residierten. Viele Jahrhunderte später aber ging die Familie pleite und musste 1881 alles verkaufen. Palast und Anwesen verwahrlosten, bis der Florentiner Stefano Bardini alles erwarb und nach seinem Geschmack instand setzen ließ. Bardini war damals einer der berühmtesten Antiquitätenhändler in ganz Italien. Überall in der Toskana hatte er alten Hausrat, Truhen, Schränke, Tische, aber auch Skulpturen, Architrave, Säulen, Kamine, sogar Altäre und ganze Einrichtungen aus aufgelösten Klöstern billig gekauft. All das stellte er in seinem neuen Palazzo aus (heute Museum), in den er reiche Privatsammler aus den USA, aber auch Museumsleute wie den preußischen Museumsdirektor Wilhelm von Bode einlud. Zum Abschluss der Verkaufsgespräche führte der Antiquitätenhändler die Kunden gern in seinen Garten, den er spektakulär umgestaltet hatte. Den mittelalterlichen Garten hatte er – da nicht repräsentativ genug – dem Erdboden gleichgemacht, und überall neue Bäume, Sträucher und Blumen gepflanzt im Stil verschiedener Zeiten, schön dekoriert mit Brunnenfiguren, Säulen und Amphoren – alles zu kaufen natürlich. Keiner ging dann mehr weg, ohne etwas erworben zu haben.

Damit machte er ein riesiges Vermögen, um das sich seine Erben allerdings so erbittert stritten, dass der Garten wieder lange Jahre verfiel. Im Jahr 2000 begann dann eine Stiftung, die gesamte Grünanlage zu restaurieren, sodass wir sie jetzt so sehen können, wie sie zu Bardinis Zeiten ausgesehen hat: in der Mitte ein barocker Garten mit einer imposanten, sehr steilen barocken Treppenanlage aus dem 18. Jahrhundert, daneben ein englischer Park mit exotischen Pflanzen, Wasserfällen und pittoresken Grotten. Am Rand ein Obstgarten mit alten Pfirsich-, Aprikosen- und Apfelbäumen. Und überall Blumen, in allen Jahreszeiten blüht etwas, ob frühe Azaleen, Rosen, Kamelien oder eine der über 60 Hortensiensorten. Doch seine große Kunst als Gartengestalter bewies Bardini beim Schaffen spektakulärer Aussichtsorte: Er baute nicht nur ein schönes Belvedere, sondern setzte überall spektakuläre Blicke auf die Stadt in Szene – mit sehr fotogenen Balustraden, Hecken und Einrahmungen. Das Kaffeehaus allerdings, in dem man heute sehr schön sitzen und bei Kaffee oder Apero den Blick auf Florenz genießen kann, brauchte er nur zu restaurieren, denn es stammt bereits aus dem 18. Jahrhundert.

Anders die schöne Glyzinienpergola. Sie ist weder alt, noch stammt sie von Bardini, sondern wurde erst von den heutigen Restaurateuren in Anlehnung an alte Laubengänge der Renaissance gepflanzt. Noch ein weiterer Gartenbaustil also, aber vielleicht auch im Sinne des letzten Besitzers. Den Florentinern gefällt es jedenfalls. Im April, wenn der Blauregen spektakulär blüht, stehen sie dafür sogar Schlange. Die Touristen schicken sie lieber in die Boboli-Gärten (für die das Ticket auch gilt).

53

BUS C4 DEMIDOFF

Rilke feiert im Palazzo Serristori

RILKE-PLAKETTE AM PALAZZO SERRISTORI
LUNGARNO SERRISTORI, 25 (FRÜHER 13)

Als Rainer Maria Rilke Anfang April 1898 zum ersten Mal Florenz besuchte, hatte er Dantes *Vita nova*, Albertis Architekturbuch und Jacob Burckhardts Abhandlung *Die Kultur der Renaissance in Italien* gelesen, dazu den Baedeker im Gepäck. Er war also weit besser vorbereitet als wir gewöhnlichen Touristen und voll Vorfreude auf die Stadt. Und dann das! Florenz fand er »feindselig und stumm«, der *Palazzo Vecchio* verursachte ihm sogar »Atembeklemmung«. Am schlimmsten die Bilderflut in den Uffizien: »Ich konnte dieses Schauen nicht mehr ertragen.« Tapfer absolvierte er jedoch sein Programm, brach aber den Aufenthalt vorzeitig ab.

TIPP

LADEN UND ATELIER DES STRASSENKÜNSTLERS CLET ABRAHAM, DER VERKEHRSSCHILDER IN LUSTIGE KUNSTWERKE VERWANDELT.
VIA DELL'OLMO, 8R

Wirklich wohl fühlte Rilke sich nur in seinem Hotel, der *Pension Benoit*, in »einem vornehmen Haus ... Das tollste ist mein Zimmer. Stell Dir vor: ein flaches Dach, auf dessen einem Drittel ein Zimmer aufgebaut ist, der andere Theil des Daches ist eine große zu dem Zimmer gehörige Terrasse: hoch über Florenz. Dort wohn' ich. Ein Traum, eine Dichtervision.«
Am schönsten waren die Abende, wenn sich die Gäste der Pension zum Dinner versammelten. Täglich gab es sechs Gänge, an denen selbst der kritische Dichter nichts auszusetzen hatte. Im Gegenteil. Vegetarier Rilke schwärmte vom guten Gemüse, von Artischocken und Fenchel. Dazu belebten ihn die interessanten Tischgespräche mit den anderen Gästen. Es waren lauter Landsleute, gebildet natürlich und keine banalen Normaltouristen: Mit dabei ein Herr Dr. Schneeli, der ihm die Pension vermittelt hatte, ein Baron Lichtenberg aus München, ein »namhafter Berliner Universitätsprofessor«. »Alle sind überaus liebenswürdig«, schwärmte der junge Dichter. Die Abende endeten meist auf der Dachterrasse, wo sich Rilke wie der Hausherr fühlte. An die ungezwungene Atmosphäre da oben erinnerte sich ein neuer Gast besonders gern: »Man wurde wie ein alter Bekannter empfangen, keiner nannte seinen Namen.« Das war

der Maler Heinrich Vogeler. Eine schicksalhafte Begegnung. Er wurde nicht nur einer der wenigen engen männlichen Freunde Rilkes, er lud ihn gleich für das kommende Weihnachtsfest nach Worpswede ein. Rilke nahm an und lernte dort bei einem späteren Besuch Paula Becker (später Modersohn) und seine zukünftige Frau Clara Westhoff kennen. Nach Florenz kehrte der Dichter trotz seiner vielen späteren Italienreisen nie wieder zurück.

Die schöne Pension mit der kommunikativen Terrasse abseits der Touristenzentren existiert heute leider nicht mehr, der vornehme *Palazzo Serristori* ist dennoch für Rilke-Fans ein Muss. Hier erinnert eine Plakette an den Dichter und seinen Aufenthalt in diesem Haus. Und verschafft uns die tröstliche Erkenntnis, dass Florenz sich auch einem so informierten Reisenden wie Rilke nicht sofort erschloss.

54

BUS 12 SAN MINIATO AL MONTE

San Miniato al Monte

BASILICA SAN MINIATO AL MONTE
VIA DELLE PORTE SANTE, 34
WWW.SANMINIATOALMONTE.IT
MO-SA 9.30-13 UHR, 15-19 UHR
(IM SOMMER BIS 19.30 UHR);
SO 8.15-19 UHR (IM SOMMER
BIS 19.30 UHR)

TIPP

ENOTECA FUORI PORTA
VIA DEL MONTE ALLE CROCI, 10
WWW.FUORIPORTA.IT
TGL. 12-24 UHR

Eine der schönsten und ältesten Kirchen von Florenz verdankt ihren Bau dem grausamen und merkwürdigen Schicksal eines frühen Märtyrers: Im 3. Jahrhundert n. Chr. wurde Minias von römischen Soldaten getötet. Er aber klemmte sich sein abgeschlagenes Haupt unter den Arm und stieg den *Monte alle Croci* hinauf, wo er dann starb. Über seiner Grabstätte erhebt sich heute hoch oben über der Stadt *San Miniato al Monte*.
Mit klaren geometrischen Mustern in Dunkelgrün, den Halbkreisbögen und halben Säulen wirkt die Fassade aus weißem Carrara-Marmor ganz antik, wurde aber ab 1018 von den Benediktinern erbaut, die noch

heute hier oben ein Kloster bewohnen. Der Baumeister ist unbekannt, der Einfluss der Antike in Florenz aber, das lernt man hier, begann nicht erst mit der Renaissance. Auch andere Einflüsse sieht man an der Fassade: Oben ist sie mit sehr schönen Mustern orientalischen Ursprungs geschmückt.

Der Innenraum dann zeigt Spuren und Werke aus vielen Jahrhunderten und Stilen: Antike, byzantinische und mittelalterliche Säulenkapitelle, Chorschranken und Altarkanzel aus dem zwölften, der orientalische Mosaikfußboden aus dem frühen 13., die Marmorimitation der Säulen und Pfeiler aus dem 19. Jahrhundert: Was als kunterbuntes Sammelsurium erscheinen könnte, wirkt in dem großzügigen Kirchenschiff dennoch sehr klar und stimmig.

Als besonderes Schmuckstück gilt ein Marmor-Ziborium von Michelozzo. Finanziert hatte das kostbare Stück 1448 Piero de' Medici, der gern als Stifter genannt werden wollte. Doch die *Arte di Calimala*, die ab 1288 die Kirche verwaltete, sperrte sich gegen eine allzu sichtbare Präsenz der mächtigen Familie. Michelozzo schummelte dennoch diverse Symbole seiner reichen Auftraggeber in sein Werk: In den Voluten verstecken sich die Medici-Wappenkugeln, der Fries ist mit dem Medici-Motto »Semper« versehen, und das Einfassungsgitter besteht aus ineinander verschlungenen Ringen, für alle Florentiner sofort identifizierbar als Medici-Emblem. Die Zunft der Großkaufleute machte gute Miene zum bösen Spiel und setzte wenigstens ihr eigenes Wappentier, einen Adler, hoch oben auf das Tabernakel.

Unbedingt besuchen sollte man auch die Krypta, in der die Gebeine des heiligen Minias aufbewahrt werden. Selbst wer nicht an solche Heiligenlegenden glaubt, ist berührt von der religiösen Atmosphäre und fühlt sich in längst vergangene Zeiten zurückversetzt. Besonders wenn die Benediktinermönche ihre gregorianischen Gesänge bei der täglichen Abendandacht anstimmen. Allerdings arbeitet man hier durchaus mit modernster Technik, wie eine Notiz in der Lokalausgabe der *Repubblica* aus dem Frühjahr 2018 zeigt. Als Prior Bernardo Gianni seine Predigt nicht zur Hand hatte, las er den Text kurzerhand von seinem iPad ab.

55

BUS 12 PIAZZALE MICHELANGELO

Ein Rosengarten mit Aussicht

GIARDINO DELLE ROSE
VIALE GIUSEPPE POGGI, 2
TGL. 9-20 UHR
GIARDINO DELL'IRIS
VIALE MICHELANGELO, 82
WWW.SOCIETAITALIANAIRIS.COM
NUR VON ENDE APRIL BIS ENDE MAI
GEÖFFNET. MO-FR 10-13 UHR,
15-19.30 UHR; SA-SO 10-19.30 UHR
BEIDE GÄRTEN: EINTRITT FREI

TIPP

DAS RIFRULLO, WO MAN AUF SCHÖNER
TERRASSE SPEISEN KANN.
VIA DI SAN NICCOLÒ, 55R
WWW.ILRIFRULLO.COM
MO-FR 7.30-0.30 UHR; SA 8.30-2 UHR;
SO 8-0.30 UHR

Als Architekt und Stadtplaner Giuseppe Poggi 1865 seine Pläne für eine riesige Aussichtsterrasse mit einer breiten Zufahrtstraße jenseits des Arno vorlegte, gab es eine große Protestwelle. So viel Geld? Nur für einen guten Blick? Wer brauchte so breite Straßen? Doch bald nach Eröffnung des Platzes 1869 verstummten die kritischen Stimmen. Florentiner wie Touristen waren begeistert von dem Panorama, das man an der Marmorbalustrade des neuen Aussichtsplatzes genießen konnte. Die schöne Allee, die kurvenreich hinaufführt, nannte man nach ihrem Erbauer Viale Poggi, der Platz selbst aber war auf Anregung seines Erbauers Piazzale Michelangelo getauft worden.

Inzwischen gilt der Platz als Poggis Meisterwerk und zählt zu den Highlights eines jeden Florenzbesuches. Dank der bequemen von Poggi geplanten Fahrstraßen hier hoch ist die Aussichtsterrasse allerdings mittlerweile eher eine Zentrale des Bus- und Autotourismus in Florenz. An der Balustrade kann man dies zwar optisch ausblenden, akustisch jedoch nicht. Es geht zu wie auf einem überdimensionalen Parkplatz.

Mein Vorschlag deshalb: Lieber den kleinen Treppenweg auf der westlichen Seite (am Kiosk) ein paar Schritte hinunter in den *Giardino delle rose* gehen. Der Ausblick ist ebenbürtig, die Umgebung aber viel schöner. Besonders wenn im Mai und Juni die Rosen der 300 verschiedenen alten Sorten in allen Farbschattierungen blühen. Aber mit einer schattigen Terrasse, Bäumen, Sträuchern, Rasenflächen lädt er zu allen Jahreszeiten zu einem Picknick im Grünen mit Ausblick ein. Erst seit einigen Jahren ist der kleine Park wieder ganzjährig geöffnet – ganz im Sinne seines Schöpfers. Angelegt wurde auch er nach Plänen von Giuseppe Poggi. Der viel kritisierte Florentiner Stadtplaner hatte zwar den Autolärm oben auf dem Piazzale nicht voraussehen können, aber schon früh erkannt, dass grüne Oasen für den modernen Stadtmenschen wichtig waren. Seit 1998 gibt es sogar eine fernöstliche Ruhezone hier: Die Mönche des berühmten Tempels Kōdai-ji in Kyoto schenkten Florenz einen japanischen Zen-Garten.

In der Zeit von Ende April bis Ende Mai sollte man unbedingt noch einen anderen Garten hier oben besuchen: den *Giardino dell'Iris* (Eingang auf der anderen Seite des Piazzale Michelangelo). Er ist nur einer Pflanze gewidmet, der Iris, dem Symbol der Stadt. Das aber in tausenderlei Facetten, Formen und Farben. Jährlich wird ein Wettbewerb ausgetragen, bei dem die drei schönsten Exemplare prämiert werden. Organisiert wird alles von Privatleuten, der Gärtner arbeitet ebenso umsonst wie die netten Damen vom Iris-Komitee, die Schürzen, Postkarten und Seife verkaufen und gern Auskünfte erteilen. Wenn man dann auf schmalen Wegen unter Olivenbäumen wandelnd die unglaublichsten Iris-Arten sieht, findet man es fast schade, dass das Stadtsymbol in Florenz meist nur in Weiß oder Rot auftaucht.

Ausflüge

56

SITA-BUS 368A, 370A ST. ANDREA IN PERCUSSINA

Machiavellis Exil in St. Andrea in Percussina

VILLA MACHIAVELLI MIT RESTAURANT ALBERGACCIO
VIA SCOPETI, 64
50 026 SANT'ANDREA IN PERCUSSINA
TEL. +39 055 828 471
TGL. 12.30-15.30 UHR AUSSER DIENSTAG, VON DO-MO AUCH 19.30-22.30 UHR

TIPPS IN FLORENZ: PLAKETTE IN DER VIA DE' GUICCIARDINI 18 (HINTERHOF), WO MACHIAVELLIS GEBURTSHAUS STAND; MACHIAVELLIS EINSTIGES BÜRO IM PALAZZO VECCHIO MIT BÜSTE UND BILDNIS

Das *Albergaccio* liegt inmitten von Weinbergen und Olivenhainen, ein großzügiges, aber nicht protziges Anwesen mit einem beeindruckenden Weinkeller und einer schönen Terrasse, von der aus man bei guter Sicht den Dom von Florenz sieht. An diesem idyllischen Ort verfasste Niccolò Machiavelli *Il Principe* (*Der Fürst*), jenes Werk, das als skrupelloseste und kälteste Theorie der Macht gilt.

Machiavelli schrieb es allerdings erst, nachdem er selbst Job, Einfluss und alle politische Macht verloren hatte. Jahrelang hatte er als Beamter der Florentiner Republik gedient, aus einem Söldnerheer eine effiziente Bürgermiliz geformt, mit Fürsten und Päpsten verhandelt, heikle diplomatische Missionen bewältigt und – sein größter Erfolg – entscheidend dazu beigetragen, dass der Erzfeind Pisa 1509 besiegt worden war. Doch als die Medici 1512 nach Florenz zurückkehrten und ihre absolute Herrschaft befestigen wollten, warfen sie den überzeugten Republikaner ins berüchtigte Gefängnis *Le Stinche*. Nachdem er ein Jahr später bei einer Amnestie freigelassen worden war, durfte er ins Exil auf sein Familienanwesen in St. Andrea in Percussina. Nur wenige Kilometer von der Stadt, doch Welten entfernt vom Zentrum der Macht und des politischen Geschehens, entwarf er in völliger Abgeschiedenheit seine bahnbrechende Theorie der Macht ohne Moral, auf die sich noch heute mancher Despot beruft. Aber *Il Principe* ist weit mehr als eine Ansammlung von Tipps, wie man an die Macht gelangt und sie behält. Es ist die erste moderne politische Theorie, weil sie auf jeglichen religiösen Begründungsrahmen verzichtet. So wie die Renaissancekünstler Neuland betraten, als sie reale Menschen in realen Räumen darstellten, so situiert Machiavelli als Erster die Politik auf der Erde (statt im Himmel) und entwickelt eine Theorie, die mit Menschen rechnet, wie sie sind und nicht wie sie sein sollten. Das ist nicht immer sympathisch, aber hier werden bereits Probleme formuliert, die sich noch heute stellen, wie beispielsweise die Frage, zu welchen Mitteln man für gute Zwecke greifen darf.

Das spartanische Arbeitszimmer, in dem Machiavelli seine Ideen formulierte, kann man zusammen mit anderen Wohnräumen auf Anfrage besichtigen, am besten kombiniert mit einem Essen im Restaurant des *Albergaccio*, mit Wein von dem Weinberg, der vor 500 Jahren Machiavelli gehörte. Aber trotz gutem Essen und Wein wollte dieser damals unbedingt zurück nach Florenz. Er widmete sein Werk den neuen Machthabern, die ihn einst ins Gefängnis gebracht hatten, in der Hoffnung, er dürfe sein Exil verlassen. Weit gefehlt: Giuliano de' Medici ignorierte das Geschenk. Solche Ratschläge brauchten die Medici nicht, hatten sie doch schon seit Generationen Machtpolitik gemacht nach dem Motto Cosimos des Älteren: »Man macht keine Politik mit dem Rosenkranz in der Hand.«

57

BUS 7 AB PIAZZA DI SAN MARCO BIS FIESOLE PIAZZA MINO

Klösterliche Stille und schöne Blicke in Fiesole

CONVENTO SAN FRANCESCO
VIA SAN FRANCESCO, 13
50 014 FIESOLE
WWW.FRATIFIESOLE.IT
MUSEUM: TGL. 9.30-12 UHR,
14.30-18 UHR

TIPPS

GELATERIA SICILIANA
PIAZZA MINO DA FIESOLE, 44
TGL. 11.45-23.15 UHR
(FR UND SA BIS 23.45 UHR)

PIZZERIA SAN DOMENICO
PIAZZA SAN DOMENICO, 11
WWW.PIZZERIASANDOMENICO.IT
TGL. 12-15 UHR, 19-24 UHR
RESERVIERUNGEN: MYMAIL@MYMAIL.IT

Wenn Hermann Hesse das geschäftige Florenz wieder einmal zu viel wurde, nahm er die Tram nach Fiesole bis zur Haltestelle *San Domenico*, wanderte von dort erst die steile alte Straße *Fiesolana*, dann noch einmal viele Stufen empor bis zur Höhe des Klosters San Francesco, für den Dichter »der schönste Ort von Fiesole«. Wir nehmen den Bus Nr. 7 ab Piazza Di San Marco, der uns in vielen Windungen hoch bis ins Zentrum von Fiesole bringt – und sparen uns die alte *Fiesolana* für den Rückweg zu Fuß. Die Ankunft in dem Hügelstädtchen ist allerdings erst einmal enttäuschend, der riesige Hauptplatz besteht aus Straßenkreuzungen und Parkplätzen.

Also schnell ein Eis in der sehr netten und guten klassischen *Gelateria Siciliana* bei der Bushaltestelle und dann weiter links am Platz die alte Treppe hinauf. Hier wird es stiller, bis wir einen luftigen Platz mit Steinbänken unter Bäumen erreichen. Der Blick auf Florenz im Tal ist grandios und sehr beliebt bei Hobbyfotografen. Nach einigen weiteren sehr steilen Stufen erreichen wir das alte Franziskanerkloster mit Kirche, Kreuzgang, Klostergarten und einem kleinen Kiosk. Die Mühe lohnt sich, denn sobald man das Klostertor durchschreitet, ist man in einer anderen, früheren und stilleren Welt klösterlicher Abgeschiedenheit.

Schon 1330 hatten auf diesem Gipfel Benediktinerinnen eine kleine Kapelle gebaut, diese aber bald verlassen. 1399 kamen dann die ersten Franziskanermönche hierher und bauten die Kirche sowie ein kleines Kloster, das später immer wieder erweitert wurde. Zeitweise muss es recht viele Mönche in dieser Weltabgeschiedenheit gegeben haben, wie das große Refektorium zeigt. Doch in ihren Zellen lebten sie sehr beengt und ärmlich getreu dem Ordensmotto des Heiligen Franziskus. Ein schmales Bett, ein Stuhl, ein Tisch, ein Kreuz waren die Standardausstattung. In einer solch einfachen Zelle wohnte auch der berühmteste Bewohner: der heilige Bernhardin von Siena, der hier von 1418 an vier Jahre als Abt dem Kloster vorstand. Dann ging er als Bettelmönch auf Wanderschaft in ganz Italien, wo er viele Menschen durch seine Predigten zum neuen Glauben bekehrte. Noch weiter hinaus zog es die Missionare der Franziskaner, deren Reisen ein etwas skurril anmutendes Missionsmuseum gewidmet ist. Lauter Souvenirs aus aller Welt sind hier ausgestellt – ein eigenartiger Kontrast zur strengen Klausur der wenigen hier noch lebenden Mönche.

Für uns geht es nach so viel Abgeschiedenheit langsam wieder in die quirlige Gegenwart zurück. Entweder gleich mit dem Bus von der Piazza ab oder ganz bequem die Via Vecchia Fiesolana hinunter, die Hesse hinaufgegangen ist. Vorbei an einer Medici-Villa und anderen Villen hinter hohen Mauern, die meisten im Besitz irgendwelcher amerikanischer Universitäten, gelangen wir zum *Convento San Domenico*. Spätestens wenn wir in der von Einheimischen empfohlenen rustikalen *Pizzeria San Domenico* einkehren, hat uns das Alltagsleben wieder.

58

BUS 7 AB PIAZZA DI SAN MARCO BIS FIESOLE PIAZZA MINO

Ein römisches Amphitheater in Fiesole

AREA ARCHEOLOGICA DI FIESOLE
VIA PORTIGIANI, 1
WWW.MUSEIDIFIESOLE.IT
TGL. NOV.-FEBR. 10-15 UHR (AUSSER DIENSTAGS), MÄRZ UND OKT. 10-18 UHR, APRIL-SEPT. 9-19 UHR
EINTRITT: 7 EURO

TIPPS

CASA DEL POPOLO
VIA GIACOMO MATTEOTTI, 27
WWW.ARCIFIRENZE.IT/CIRCOLI/CIRCOLO-ARCI-CASA-DEL-POPOLO-FIESOLE
MO 8-20 UHR; DI-SO 8-24 UHR;
SA-SO AB 19.30 UHR PIZZA

NÄHER LIEGT DIE OSTERIA VINANDRO (TOSKANISCHE HAUSMANNSKOST, U. A. GUTE TRIPPA ALLA FIORENTINA)

PIAZZA MINO DA FIESOLE, 33
WWW.VINANDRO.IT
DI-SO 12-14.30 UHR, 19-22.30 UHR
RESERVIERUNGEN: +39 055 59121

Auf seine römischen Ursprünge war Florenz immer besonders stolz – antike Bauwerke sucht man in der Stadt allerdings vergebens. Anders im nahen Provinzstädtchen Fiesole, wo es ein wunderschönes archäologisches Gelände rund um ein römisches Amphitheater gibt. Dazu Reste einer alten Etruskermauer, Tempelruinen, Langobarden-Gräber und eine beeindruckende Thermenanlage der Römer. Entdeckt

wurden die Altertümer erst seit Ende des 18. Jahrhunderts, da die Florentiner ihre alte Feindin auf den Hügeln im Jahr 1125 so vollständig zerstört hatten, dass der Ort sich davon nie wieder erholte. Erst die Ausgrabungen zeigten, was für eine bewegte und bedeutende Vergangenheit Fiesole in der Antike hatte. Die Etruskergründung aus dem 4. Jahrhundert v. Chr. ist nicht nur viel älter als Florenz, sondern wurde seit Mitte des 1. Jahrhunderts v. Chr. von den Römern zu einer imposanten Siedlung ausgebaut und blieb mehrere Jahrhunderte ein lebendiges Zentrum. Davon zeugt eine beeindruckende Bäder- und Wellnesswelt aus frühen römischen Zeiten mit Sportplätzen, einem großen Schwimmbad, Warm- und Kaltwasserbecken. Thermen waren in einer römischen Stadt ein wichtiger sozialer Treffpunkt, hier tätigte man Geschäfte, verhandelte und tauschte die neuesten Nachrichten aus. Auch kulturell hatte Fiesole damals einiges zu bieten: Das Amphitheater, 41 bis 54 n. Chr. unter Kaiser Claudius erbaut und 150 Jahre später unter Septimius Severus grundlegend erneuert, bot Platz für bis zu 3000 Zuschauer. Heutzutage finden hier im Sommer wieder Theateraufführungen und Konzerte statt – unvergessliche Abende unter südlichem Himmel.

Aber auch an einem normalen

Tag sitzt man hier ganz vortrefflich. Die Platzreihen ziehen sich einen steilen Hang hoch und erlauben einen wunderschönen Blick auf das beruhigende Grün einer bewaldeten Hügellandschaft. Manchmal huscht eine Eidechse über die Steine, manchmal hört man einen Raubvogel und nur aus der Ferne Autolärm. Sogar in der Hochsaison sitzt man hier manchmal fast allein. Ebenso schön ist ein Spaziergang durch das weitläufige Gelände. Man geht zum Teil noch auf den alten römischen Pflastersteinen, inmitten blühender Wiesen, die von Kirschbäumen, Olivenbäumen und Zypressen gesäumt werden. Über das ganze Gelände verstreute langobardische Gräber zeigen, dass die Römerzeit spätestens im 7. Jahrhundert n. Chr. ein Ende hatte.

Wer den Ausblick bei Kaffee oder Cola noch ein wenig länger genießen will, dem ist vom Café auf dem Gelände leider abzuraten, da eine bombastische Hecke jede Sicht versperrt. Besser ist es in der *Casa del Popolo*, zu der man allerdings zehn Minuten auf verkehrsreicher Straße stadtauswärts bergan gehen muss. Das »Haus des Volkes« gehört zur *Arci*, einer Organisation, die in den 1950er Jahren zur politischen Bildung und Freizeitgestaltung der Arbeiter gegründet wurde. Auch heute noch rufen Plakate an den Wänden zu verschiedensten Aktivitäten auf, für die Bildung sorgt eine kleine Bibliothek, in der auch ein Kicker steht. Die Einrichtung ist in die Jahre gekommen, was aber auf der riesigen Terrasse mit weitem Blick auf die Landschaft nicht stört. Die Getränke sind billig, am Wochenende gibt es sogar sehr gute preiswerte Pizza.

59

BUS 7 AB PIAZZA DI SAN MARCO BIS FIESOLE PIAZZA MINO,
AB SETTIGNANO BUS 10 BIS PIAZZA DI SAN MARCO

Eine Wanderung von Fiesole nach Settignano

WEGBESCHREIBUNGEN UND KARTEN:
UFFICIO TURISMO FIESOLE
VIA PORTIGIANI, 3
WECHSELNDE ÖFFNUNGSZEITEN, INFO:
WWW.COMUNE.FIESOLE.FI.IT
IM FRÜHJAHR UND HERBST
AUCH GEFÜHRTE WANDERUNGEN
TEL. +39 055 596 1311/+39 055 596 1293
WWW.FIESOLEFORYOU.IT

TIPPS

FATTORIA DI MAIANO
VIA BENEDETTO DA MAIANO, 11
WWW.FATTORIADIMAIANO.COM
FÜR LÄNGERE AUFENTHALTE IN FIESOLE DIE PENSION BENCISTÀ MIT ALTMODISCHEM FLAIR UND TOLLEM BLICK AUF FLORENZ:
VIA BENEDETTO DA MAIANO, 4
WWW.BENCISTA.COM

Es gibt keine schönere Gegend zum Wandern als die Berge und Hügel rund um Fiesole, schwärmt Lorenzo. Immer wenn er Zeit hat, geht der gebürtige Florentiner, der in Fiesole aufgewachsen ist, hier mit seinem Hund einfach querfeldein. Die Markierungen des italienischen Alpenvereins CAI seien zwar oft verblichen oder fehlten ganz, aber verlaufen könne man sich nicht.

Für weniger Ortskundige hat die Gemeinde einige schöne Wege geschaffen, zum Beispiel eine zwei- bis dreistündige Tour von Fiesole nach Settignano über den *Monte Ceceri*. Eine Karte (Sentiero 1) gibt es im Tourismusbüro, aber der Weg ist auch ziemlich gut markiert. Los geht es in Fiesole auf der *Passeggiata Panoramica*, dann folgt man Schildern zum *Parco di Montececeri*, einem 2001 eröffneten Landschafts- und Geschichtspark. Die erste Etappe führt zu einem kleinen Plateau des 414 Meter hohen Berges, der steil nach Süden abfällt. Dort steht ein Gedenkstein für Leonardo da Vinci, der hier angeblich 1505 das erste Flugexperiment der Geschichte startete. Die Legende erzählt, sein Assistent Tommaso Masini sei hier mit der von Leonardo konstruierten Maschine gestartet und 1000 Meter weit geflogen, bevor er im freien Fall auf die Erde stürzte, sich aber nur einige Knochen brach.

Der *Monte Ceceri* ist aber noch aus einem anderen Grund bedeutend: Seit der Antike wurde er als Steinbruch benutzt. Hier baute man die berühmte *Pietra serena* ab, einen harten, gräulich schimmernden Stein, der schon für die etruskische Stadtmauer und das römische Amphitheater verwendet wurde und aus dem halb Florenz besteht. Neunzehn Steinbrüche gab es hier einst, die meisten von Familien geführt, die das Metier jahrhundertelang betrieben. Die letzten Minen wurden 1929 geschlossen. Im Parco kann man Abstecher zu Steinbrüchen wie zur *Cava Braschi* oder zur *Cava dei Fratelli Sarti* machen. Oder man steigt ab zur *Fattoria di Maiano*, einem Gutshof mit Restaurant, das am Sonntag Florentiner Familien zum Picknick anlockt.

Wir aber gehen weiter auf alten Steinmetzwegen und Maultierpfaden, kommen durch Zypressenwälder, lichte Buchenhaine, saftige Wiesen, Olivenhaine und Weinberge. Die Landschaft erinnert an Bilder Gozzolis und anderer Maler. Wir passieren das *Castel di Poggio* und sehen von Weitem den markanten Wehrturm des *Castello di Vincigliata*, das mittelalterlich wirkt, seine Gestalt aber einem jungem Lord verdankt, der 1850 beim Wandern auf die Ruinen der einstigen Burg stieß, sie kurzerhand kaufte und im Mittelalterstil restaurierte.

Bis jetzt haben wir trotz Hochsaison außer ein paar Hundebesitzern kaum einen Menschen getroffen, nun weist uns am Friedhof von Settignano eine Dorfbewohnerin den Weg in den Ort. Auch hier ist wenig los, die Piazza liegt still in der Mittagssonne, Trattoria und Bar sind spärlich besetzt, nur ab und zu fährt ein Auto oder der Bus vorbei (der uns zurück nach Florenz bringt). Dabei hat dieser Ort einst Michelangelo inspiriert: In Settignano verbrachte er

seine Kindheit bei einer Amme aus einer Steinmetzfamilie und lernte das Handwerk der Steinbrecher kennen. Später sagte der berühmte Künstler, hier habe er schon mit der Muttermilch Marmorstaub eingesogen und sei deshalb Bildhauer geworden. So führt unser Spaziergang nicht nur durch die Florentiner Landschaft, sondern auch auf die Spuren der beiden größten Künstler ihrer Zeit.

DANKSAGUNG

Für hilfreiche Hinweise und konstruktive Kritik, großzügige Gastfreundschaft, inspirierende Gespräche und anderweitige Unterstützung beim Recherchieren und Schreiben danke ich Massimo Bazzucchi, Ulla Besançon, Lorenzo Ciccarelli, Alessia Gagliardi, Julia Gillman, Philip Gorman, Valentina Grandi, Ulrike Guercke, Faruk Kastrati, Hans-Christoph Koller, Katharina und Michael Mohr, Rena Otte, Lucrezia Sarcinelli, Albrecht Schnitzer, Anja Schultz und Katja Wolf.

BILDNACHWEIS

4 Altes neu in Szene gesetzt: das Museo dell'Opera del Duomo (Sala del Paradiso)
Foto: mauritius images, Mittenwald (Wiskerke)

8 Eine magische Kapelle im Palazzo Medici Riccardi (Benozzo Gozzoli, *Zug der Heiligen Drei Könige*)
Foto: Scala, Florenz

13 Die Geburt der Renaissance: zwei Bronzetafeln im Bargello (Lorenzo Ghiberti, *Opferung Isaaks*)
Foto: Scala, Florenz

15 Giottos Fresken in Santa Croce (Giotto, *Der heilige Franziskus auf dem Totenbett*)
Foto: Scala, Florenz

17 Artemisia Gentileschi in den Uffizien (Artemisia Gentileschi, *Judith enthauptet Holofernes*)
Foto: Scala, Florenz

27 Das Kloster San Marco und das Gold der Medici (*Fra Angelico, Thronende Madonna*)
Foto: Scala, Florenz

31 Eine Liebesgeschichte im Palazzo Davanzati (Schlafzimmer der Braut)
Foto: Bridgeman Images, Berlin

33 Das Leben der oberen Zehntausend auf Ghirlandaios Fresken in Santa Trinita (Domenico Ghirlandaio, *Bestätigung der Ordensregel*)
Foto: Scala, Florenz

39 Masaccio revolutioniert die Malerei (Masaccio, *Vertreibung aus dem Paradies*)
Foto: Scala, Florenz

44 Das älteste Naturkundemuseum Europas: La Specola (Schaukasten im Museum)
Foto: mauritius images, Mittenwald (Adam Eastland)

Alle weiteren Fotos stammen von Anja Schultz, Florenz.

REGISTER